发现科学世界丛书

# 趣味地理

王　瑾　编著

吉林人民出版社

**图书在版编目(CIP)数据**

趣味地理 / 王瑾编著. -- 长春:吉林人民出版社,
2012.7

(发现科学世界丛书.第2辑)
ISBN 978-7-206-09199-5

Ⅰ.①趣… Ⅱ.①王… Ⅲ.①地理－世界－青年读物
②地理－世界－少年读物 Ⅳ.①K91-49

中国版本图书馆 CIP 数据核字(2012)第 160228 号

# 趣味地理

QUWEI DILI

编　　著:王　瑾
责任编辑:关亦淳　　　　　　封面设计:七　洱
吉林人民出版社出版 发行(长春市人民大街7548号　邮政编码:130022)
印　　刷:北京市一鑫印务有限公司
开　　本:670mm×950mm　　1/16
印　　张:10　　　　　　　字　　数:127千字
标准书号:ISBN 978-7-206-09199-5
版　　次:2012年7月第1版　　印　　次:2023年6月第3次印刷
定　　价:38.00元

如发现印装质量问题,影响阅读,请与出版社联系调换。

# 目　　录

## 宇宙、地球趣谈

"黑洞之谜"是什么 ……………………………………001

火星确实像地球 ……………………………………002

真的有外星人吗 ……………………………………003

宇宙杀手——太阳风 ………………………………004

月球，巨大的燃料库 ………………………………005

月球有水证据确凿 …………………………………006

气候变化与月球有关 ………………………………007

地球概貌览胜 ………………………………………008

地球年龄探奇 ………………………………………009

天有多高地有多厚 …………………………………010

地球生命，雌雄之分何时起 ………………………011

地球上的八次奇变 …………………………………012

第一个"称"地球的人 ……………………………013

地球水的来源奥秘 …………………………… 014

地球也在"呼吸" …………………………… 015

地球变暖原因的新发现 …………………… 016

卫星云图从何而来 ………………………… 017

地球新知探趣 ……………………………… 018

地球自转变慢 ……………………………… 019

地球为何倾斜 ……………………………… 020

人类首次目睹小行星撞击地球 …………… 020

神秘的北极光 ……………………………… 021

大陆漂移理论得到证实 …………………… 022

北回归线逐年南移 ………………………… 023

日本缘何地震多 …………………………… 024

世上没有地震的地方 ……………………… 025

南极洲别称知多少 ………………………… 026

科学家推测地球的归宿 …………………… 028

为什么要保护海洋环境 …………………… 028

沙漠本是大水箱 …………………………… 029

撒哈拉沙漠正在收缩与扩大 ……………… 030

咸海悲歌 …………………………………… 031

什么叫"绿色行动" ……………………… 033

# 历法、气象趣谈

四种纪年法 …………………………………………035

公历二月为何只有28天 …………………………037

一天为何从半夜开始 ……………………………037

农历与生肖 …………………………………………038

趣谈春天的开始 …………………………………039

气候与国名 …………………………………………040

我国近期气候变化预测 …………………………042

气候对人种的"打扮" ……………………………043

火灾的多发季节和时刻 …………………………044

气象科学的未来 …………………………………045

天气预报中专业用语的含义 ……………………046

风云缘何多西来 …………………………………047

世界"雨极" …………………………………………048

世界上的定时雨 …………………………………049

新疆有个月月飘雪的地方 ………………………049

"三大火炉"并非是中国最热处 …………………050

中外"火炉"谁为最 ………………………………051

南极企鹅喊热 ……………………………………052

"冷"也是财富 ……………………………………053

# 河、湖、泉、瀑布趣闻

世界第一长河 …………………………… 055

世界最长的运河 ………………………… 057

河流之王 ………………………………… 058

印度的"圣河" …………………………… 059

欧洲的黄金水道 ………………………… 060

美丽的国际河流 ………………………… 061

"流"向天空的河 ………………………… 062

中国第一大河 …………………………… 063

古长江比今长江更长 …………………… 065

中国第二大河 …………………………… 066

长江与黄河哪个年龄大 ………………… 067

冰层下的湖 ……………………………… 068

火湖和熔岩湖 …………………………… 069

"一片汪洋"的湖泊 ……………………… 070

时隐时现的湖 …………………………… 071

中国最大的咸水湖 ……………………… 072

中国最大的盐湖 ………………………… 073

"天上"的湖 ……………………………… 074

缅甸五音泉 ……………………………… 084

奇特六味泉 ……………………………… 075

形成彩虹的瀑布 ………………………… 076

分成支流的瀑布 …………………………………… 076

不断后退的瀑布 …………………………………… 077

# 海洋、海湾、海峡、海岛趣闻

最大最深的海 ……………………………………… 080

最小的海 …………………………………………… 081

最浅的海 …………………………………………… 082

最咸的海 …………………………………………… 082

最淡的海 …………………………………………… 084

没有海岸的海 ……………………………………… 085

死气沉沉的海 ……………………………………… 086

多岛之海 …………………………………………… 087

三大洲之间的海 …………………………………… 088

最大的内海 ………………………………………… 090

中国最大的外海 …………………………………… 091

最大的海湾 ………………………………………… 092

世界第二大湾 ……………………………………… 093

石油宝库的海湾 …………………………………… 094

最长的海峡 ………………………………………… 095

最宽最深的海峡 …………………………………… 096

咽喉之地的海峡 …………………………………… 096

西方世界的生命线的海峡 ………………………… 097

迂回曲折的海峡 …………………………………… 098

黑海与地中海纽带的海峡 …………………………… 099

远东十字路口的海峡 ………………………………… 100

世界海运中重要的运河和海峡 ……………………… 101

世界海洋十大深渊 …………………………………… 102

世界第一大岛 ………………………………………… 103

火山岛 ………………………………………………… 104

冰与火的世界 ………………………………………… 106

火湖所在地的岛 ……………………………………… 107

泉水之岛 ……………………………………………… 108

世界最大的珊瑚礁 …………………………………… 109

鸟岛 …………………………………………………… 110

龟岛 …………………………………………………… 111

烟草岛 ………………………………………………… 112

神奇的夏威夷群岛 …………………………………… 113

智利的复活节岛 ……………………………………… 115

印度洋的宝石王国 …………………………………… 116

鲁滨孙漂流地 ………………………………………… 117

中国海南岛 …………………………………………… 118

最大的半岛 …………………………………………… 119

红海门闩的半岛 ……………………………………… 120

美国柑橘的半岛 ……………………………………… 121

神奇的半岛 …………………………………………… 122

狭长如剑的半岛 ……………………………………… 123

# 国家、城市趣闻

水上之都 …………………………………… 124

温泉之国 …………………………………… 125

千湖之国 …………………………………… 126

椰子之国 …………………………………… 127

花环之国 …………………………………… 128

国土奇特的国家 …………………………… 129

牛比人多的国家 …………………………… 129

国花与民族性 ……………………………… 130

一国两三都，哪个是首都 ………………… 132

建在木桩上的城市 ………………………… 135

"袖珍国"的填海造地 …………………… 136

瑞典国土呈三色 …………………………… 137

绿化庭院蔚然成风的岛国 ………………… 138

土耳其不"土" …………………………… 139

世界四大汽车城 …………………………… 140

地铁世界吉尼斯 …………………………… 141

美国城市新概念——公交村落 …………… 142

未来的城市 ………………………………… 144

联合国第二城——日内瓦 ………………… 145

三江平原发现二千年前繁华古城 ………… 146

风格各异的城市广场 ………………………………147

俄罗斯彼得堡地区的古城堡 ……………………148

世界上人口最少的城市 …………………………149

地球最北的城市 …………………………………150

# 宇宙、地球趣谈

## "黑洞之谜"是什么

天文学家在观测天体时，发现一种奇怪的现象：光线会突然弯曲，有的光亮竟然消失了。美国科学家惠勒发现，有的恒星，质量是太阳的 600 万倍，光度却只有 200 万倍。按理说，它的光度绝不止这些。那么，其余的光跑到哪儿去呢？

惠勒从童话故事中受到启发，把这种引力特别大，能把什么东西都吸到自己肚子里，甚至连光也不放过的星体，称为"黑洞"。黑洞是怎么回事呢，简单讲，黑洞就是"老死"的恒星。

天空中有许多像太阳一样发光发热的恒星。它们像人一样，也有一个诞生、死亡的过程，只不过它们的寿命特别长，比如太阳，它已经活了 50 亿年，它还能活 50 亿年。恒星进入老年以后，没有力量支撑自己巨大的身躯，便开始向里坍缩。特别巨大的恒星就有可能坍缩成"黑洞"。

"黑洞"的体积很小，但密度很大。举例说，一粒花生米那么大一块"黑洞"就重几百亿吨。运这么一粒"花生米"就要几百万艘万吨巨轮同时负担才行。

"黑洞"的密度高，吸引力也就特别大，不管什么东西，只要一靠近它，就别想逃命，连每秒跑30万公里的光也没法逃脱，"黑洞"连光也不放过，它不发光也不反光，只是一个"黑洞"。

# 火星确实像地球

火星岩石的形状和其中的矿物质都表明，火星曾经有温暖而湿润的过去，液态水稳定而持续地川流不息，大气层也较现在的厚，就此来说，过去的火星与现在的地球简直难分伯仲。

火星有云，火星的大气层是地球的150倍，火星上一些固定的区域常有规律地享受到徐来轻风。比如，晚上是南风、下风，白天是上风，这一如地球上的海风，白天向岛而来，晚上拂水而去。

火星的地核与地球的地核更是如出一辙，都是些涡动着的稠熔浆。这与质地均匀的月球球体自然大相径庭。

火星表面岩石裸露，十分干燥、寒冷，而且温度变化很大。1997年7月降落在火星上的"火星探路者"测量表面的温度可上至—17华氏度，直下至—104华氏度。

在火星的秋季，地面常有冲天而起的热流，以至于仅2英寸的垂直距离就有30华氏度的温差。

火星是风魔肆虐的地方。直径数百码、高数英里的微型飓风常啸着随意来往。

前面所述的现象对于科学家们来说都早已知道，真正算得上新鲜的、也引起了争议的是对5块火星岩的化学分析。由微波测量仪进行的这一分析发现，这些岩石的质地竟一模一样。

科学家们从照片上发现，火星地面上有不少地球上一般河床常见的卵石。一些卵石相互间像混凝土似的黏接在一起，这就意味着这个星球上有大量矿物质存在。

# 真的有外星人吗

人们都对外星人的故事感兴趣。过去有人以为火星可能有像人一样的生物。现在随着科学技术的发展，我们知道太阳系除地球之外，其他星球有没有生物存在，还待进一步探索研究。

不过在银河系上千亿颗星球中，总会有一些星球的环境和地球差不多，那上面可能有高级生物存在，但是他们和我们接触的机会特别少。具体一点说，如果银河系里有100万颗有生命的星球，每个星球每月发射一艘宇宙飞船到银河系的各个星球去，那么，平均2万年才能有一艘飞船到太阳系，还不知道能不能到地球。所以，我们要想接触外星人真是太困难了。

但是，随着不明飞行物体的发现，许多人都说自己看到过地球外的生物——即外星人。可是，到目前为止，还没有真实的证据可以肯定这些发现。宇宙实在太大了。如果我们乘火箭飞到离太阳系最近的恒星系去看看有没有外星人，那么，这段路程就需要七八万年的时间。如果外星人以特别快的速度飞行若干年，偶然来到了地球上，他们肯定会认真地和地球人联系，而不会像现在这样和地球人开几个玩笑就飞走了，难道他们会甘心白跑一趟么？所以，外星人有与没有，现在还不能找到确切的答案。但是，随着现代科技的进步，人们对宇宙的探索，这个疑团总有一日会解开的。

# 宇宙杀手——太阳风

太阳风是一种从太阳表面无休止地喷发出的磁化高能粒子流。这种粒子流处于极端高温状态，其中的氢和氦原子已分离成一种稀薄的由带正电质子和带负电组成的等离子体，太阳风本身所带能量十分巨大，足以对地球造成灾难性的冲击，使地球上的通信和供电大面积中断，从而引发人类社会的混乱和恐慌。因此，对地球来说，太阳风是来自宇宙的"杀手"。

在太阳活动频繁期，太阳风对地球的危害性会增大，从太阳表面喷出的太阳风等离子体像利剑一样直插向地球，围逼地球磁场，将地球磁场不断压缩，使得原本处于地磁保护伞下的飞行物（如卫星、宇宙飞船、火箭等）顿时暴露无遗。

如果太阳风磁场与地球磁场重合，后果更是不堪设想。因为这样一来，太阳风等离子体就会全面渗透于地球磁场中，从而为后继能量无比的太阳风等离子体打通通道。其结果是强大的电流从高空进入大气圈，极大地扰乱了地球电离层的"稳定生活"，阻碍了无线电信号的传递，使得电视、广播、通信系统全部瘫痪。甚至有的太阳风电流会穿透海水和岩层，腐蚀深埋于地下的管道，中断跨洋海底通信电缆，使变压器产生"涡流"而发热，不得不中断电网供电。

# 月球，巨大的燃料库

日本百田教授认为，最快可于22世纪初，我们将在月球上开采到地球上不存在的氦—3矿藏，用于取代氚，从而使目前世界各地建造的实验性聚变反应堆可以攻克关键性难关，使其走向商用成为可能。

地球上并不存在天然的氦—3，作为核武器研究的副产品，美国每年生产大约20千克的氦—3，但仅一台实验性反应堆就需要至少40千克的氦—3。

月球上的钛矿中蕴藏着丰富的氦—3资源。月球表面的钛金属能吸收太阳风刮来的氦—3粒子。据估计，月球诞生至今的40亿年间，钛矿吸收了大约100万吨的氦—3，它们都蕴藏在月球表面低洼地区3米厚的表层中。

目前全世界每年的能源消费大约为1000万兆瓦，而据联合国1990年公布的数字，到2050年时这一数字会骤增至3000万兆瓦。百田教授认为，每年从月球上开采1500吨氦—3，就能满足世界范围内对能源的需求。按上述开采量推算，月球上的氦—3可够地球上使用700年。

那么700年后呢？百田教授认为不用担心，"木星和土星上的氦—3几乎是取之不尽用之不竭的。"

# 月球有水证据确凿

美国一艘不载人的宇宙飞船克莱门蒂号，在月球南极附近的一座巨大环形山中发现了水冰，其冰层面积大如小型湖泊。

这一次克莱门蒂号用雷达信号探测月球上环形山深处时，发现了大面积的冰层。科学家们已经得出肯定的结论，这一次发现的冰层是冰冻的水，而不是结冰的其他液体或气体。

肯定月球上有水，对人类移居月球意义重大。有了水，可以在月球上种植粮食和植物，制造空气和燃料。不再考虑用宇宙飞船从地球上运去大量的水，从而可省却运水的巨额费用。

该飞船是在1995年初升空的，数月后得到了月球有水冰的信息，但直到最近，科学家们才一致认为月球环形山地表深处存在的是冰冻的水。

科学家们认为，月球上的水可能来自彗星。36亿年前，一颗彗星撞向了月球，彗星的大量水滴残留于环形山的底部。由于月球南面总是漆黑一片，环形山区的温度为—230□，所以大量的水就以冰的形式积聚下来。

# 气候变化与月球有关

过去曾有报道，月圆（天文学上称为满月）会导致精神病发作，犯罪率上升，受孕比例提高等等，研究月球的科学家最近发现，这些传说都没有科学根据，但满月倒确实与地球的气候有关。

甚至早在牛顿解释万有引力之前，人们就注意到，月亮的圆缺（天文学称为月相）与潮汐的涨退有关，后来，人们还发现，月球使地球坚硬的外壳轻微变形，然而科学家们指出，鲜为人知的是，月球有影响大气潮的能力，大气潮是大气中类似海洋潮汐的运动。它由万有引力或一日间的温度变化所引起。科学家说，大气潮在某种程度上与月相惊人地同步影响着云层的厚薄、下雨与否，甚至与飓风的形成有关。

美国研究人员在研究卫星资料时还发现，在满月时，接近地球的四英里大气层的温度上升几百分之一度。虽然这种温度变化不足以令人们增减衣服，但这足以显示，地球的气候变化与月球有关。

月亮以两种方式提高大气层的温度，首先，月球表面受到太阳照射而发热，然后把热能反射到地球。这种热能是我们直接接受的太阳热能的十万分之一，而这种热能可能接着由第二种机制补充——那就是满月在晚上向地球反射阳光。

月亮对天气的影响甚至涉及更精细的机制。满月期间雷暴雨的增加可能是满月导致地球磁场失真所致。因为，这种失真可能影响大气层的电子性能。

# 地球概貌览胜

地球是人类的家园，我们应该了解地球、热爱地球。

在九大行星中，只有地球上有生物。这与地球距离太阳的远近关系十分密切。因为地球具有介于0□—100□之间的温度，这是水能在液体状态下存在的温度范围。其次，地球具有适合生物呼吸的大气。有的行星表层虽有大气，但缺少生物呼吸需要的氧气。

地球有两种运动：绕日公转及绕轴自转运动都与人类关系密切。首先，地球自转产生了昼夜更替现象。其次，由于自转，地球上不同经度的地方，有不同的地方时，地方时相差一小时。第三，地球水平运动的方向产生偏向。第四，自转使地球成为略扁的旋转椭球体。

由于黄赤交角的存在，地球公转引起正午太阳高度、昼夜长短的周年变化，从而产生四季的更替。

# 地球年龄探奇

地球究竟有多大年龄？它的年龄从什么时候计算起？经过无数科学家从神奇臆测到科学论证，今天，人们才逐步揭开地球年龄之谜。

地壳里的矿物、岩石自形成之日起，就含有放射性同位素。我们知道放射性元素的衰变速度是很稳定的，不受任何环境变化的影响，所以可应用放射性元素来测定年代。铀235，衰变后的最终产物为铅。每年大约有1/74亿的铀235衰变为铅。这样，我们可以根据矿物中现在含有多少铀和铅计算出岩石的年龄。用这种方法测出的年龄，在地质学上称为同位素年龄，也叫绝对年龄。

根据多种放射元素的测定，知道地球上许多地方的岩石，年龄为30亿年左右。我国河北迁西、遵化一带的变质岩，年龄有35亿年。个别地区，例如：南美圭亚那的正角内石的年龄为41.3亿年，西伯利亚东部阿尔丹地区基性正结晶片岩的绝对年龄竟达45.2亿年。地壳的年龄不等于地球的年龄。因为在形成地壳以前，地壳还要经过一段表面处于溶解状态的时期，估计地球年龄为46亿年。

现在一般人都同意地球年龄为46亿年。特别是"阿波罗"号从月球取回的月岩标本，年龄也为45亿—46亿年，科学家们更坚信地球已有46亿年了。但在茫茫的宇宙之中，比地球年龄大的星球还多着呢！也有比地球还年轻的星球，因此，今日的地球年龄好像人的壮年期。正处在朝气蓬勃充满活力的时期。

# 天有多高地有多厚

在日常生活中，"天高地厚"是一个常用的成语。人们会用不知"天高地厚"来比喻不知道事情的严重、艰巨，形容人不懂事。

那么，天到底有多高，地究竟有多厚呢？

我们都知道，地球是一个圆球，它围绕太阳运转，是太阳系的一颗行星。通常所说的天，是指包围地球的大气层和大气层以外到太阳的距离。太阳系以外的宇宙是无边无际的太空，我们就无法计算了。地球与太阳的距离在14710万公里到15210万公里之间。冬天离太阳近，1月3日前后，我们北半球离太阳最近；夏天离太阳远，7月4日前后，我们北半球离太阳最远。所以，天的高度冬夏天不一样，总的说来，在1.5亿公里左右。

地有多厚呢？有一句诗这样写：坐地日行八万里。就是说，地球的一圈是4万公里左右。圆的直径与周长的关系是1：3.14，用4除以3.14得1.2万多公里，这就是地厚了。

科学家们根据地球的构造，把地球分为地壳、地幔和地核三个部分。

地球最表面的一层叫地壳，包括地表的土壤，土壤下的岩石圈，一共只有十几公里厚。地壳下面是地幔，有将近3000公里厚。最里面是地核，半径有3400公里左右。把以上三个数字加到一块儿，就是地球的半径，再乘以2，就是地球的直径，即地厚了。

# 地球生命，雌雄之分何时起

大约在距今十八九亿年前，随着地球内外环境的不断变化，大气开始有了氧气，一种需氧代谢的真核细胞随之在地球上诞生。到了距今大约6亿年多前的元古宙末，即晚前寒武纪，真正具备超原始性生殖能力的多细胞原植体生物，终于随着原始生命的总体进化而诞生，并在浅海环境中迅速达到了一种非常繁荣的程度，地球生命开始跨入了一个"种群爆炸"的新时代。生物的自身结构越来越趋向于复杂化、多样化；很多种生物个体不断脱离细胞式的"微观世界"，向宏观体积的方向迈进；生物之间的各种食物链不断组成、扩大，并保持至今……于是，我们的地球终于形成了今天所看到的拥有万千生物、充满生机与活力的模样。

# 地球上的八次奇变

第一次奇变：出现生命。这次奇变是在19亿年前，地球上出现生命。科学家在一块19亿年前形成的岩石中发现了植物含有的木质素和纤维素，表明地球已有生命存生。

第二次奇变：出现昆虫。这次奇变是在4.8亿年前，地球上出现了1厘米长的小昆虫。它是由日本生物学家在本州岛山脉中最古老的有机化石残片里发现的。

第三次奇变：出现恐龙。这次奇变是在2.25亿年前，地球上出现恐龙。美国古生物学家在亚利桑那沙漠发现这个恐龙化石。

第四次奇变：出现猿人。这次奇变是在400万年前，地球上出现猿人。埃塞俄比亚的阿瓦什河岸有一具距今400万年的古尸，经鉴定是一具猿人尸体。

第五次奇变：出现石器工具。这次奇变是在200万年前，人类已会制造和使用石器工具。考古学家在埃塞俄比亚东北沙漠地区发现一批原始石制工具。

第六次奇变：出现直立人。这次奇变是在160万年前，出现了直立人。这是在肯尼亚北部图尔卡纳湖两岸发现的。经鉴定，这具骨骼化石是一个12岁的男孩，身高与现代人一样。

第七次奇变：出现原始村落。这次奇变是在1.5万年前，出现了原始村落。在俄罗斯波加尔斯克地区发现了极其珍贵的原始村落遗址。

第八次奇变：出现象形文字。这次奇变是在7000年前，在埃及尼罗河三角洲地区的墓壁上残留着绘画，墓内有陶器，上面镌刻有象形文字。

# 第一个"称"地球的人

地球到底有多重？居住在地球上的人类一直想把这个问题弄个水落石出，无奈却不知从何"称"起。直到18世纪末，英国科学家卡文迪什经过深入研究，认为利用万有引力定律才是唯一可行的办法。可是，在实验室里采用这个方法是极为困难的。当时没有精密的度量仪器，测量中失之毫厘，结果会差之千里，怎样才能提高仪器的精确度呢？一天，他见几个小孩用镜子反射太阳光柱，小镜稍稍一动，远处的光斑就有了很大的位移。卡文迪什大受启发，根据这个原理改进了测量地球的仪器，使灵敏度大大提高。他终于在1798年第一个"称"出了地球的重量，它的数值是60万亿亿吨。这一数值，与当今科学家测量出的地球重量为59.8万亿亿吨，仅误差0.2万亿亿吨。

# 地球水的来源奥秘

地球表面71%被海洋所覆盖。海洋积聚了13亿立方公里的水，占地球总水量的92%。那么，覆盖在地球表面上的水是从哪里来的呢？

地球形成的早期，地表不像今天海陆分布的状况，地壳极小。当时的温度较高，地球内部物质运动比较快，产生的地壳比较容易被对流运动带往地球深处。那时地球表面一片荒凉，没有草木，没有飞鸟，没有鱼虾。地表无液态水，大海无波涛，江河无碧波。当时，地球上绝大部分的水，都以结晶水的形式，存在于地球的内部。后来，地球内部的物质因高温分解产生了大量气体。它冲破地壳释放出来，于是形成了火山。频繁的火山活动带出了大量的水蒸气，它和大气一起来到地球外部。大约在太古代初期（约38亿年前），温度开始下降，水在大气中先浓缩成密度很大的蒸气云，而在地球冷却以后，大气中的水气便凝结成液态水，变成倾盆大雨，自天而降落地表。聚积在原始的洼地中，形成了最早的江、河、湖、海，这就是原始的水圈。随着水量逐渐增加，水分在地球上受太阳辐射能的影响，以气态、液态、固态不断地进行转换。由蒸发、径流、降水和大气输送等环节进行循环。这种转换过程在整个全球进行着。开始形成今天的千山万壑和波涛汹涌的汪洋大海。

# 地球也在"呼吸"

　　我国科学家在通过对地球稀有气体同位素的研究后惊奇地发现，吐气和纳气并非人类和地球其他生物赖以维系生命的专利，整个地球乃至沉积岩、海洋都存在类似呼吸的吐纳状态。所不同的是，人类等生物呼吸的是氧气，吐出的是二氧化碳，而地球沉积岩层则以喷出和凝聚宇宙原始气体为主要特征。

　　中科院兰州地质研究所稀有气体同位素地球化学国家重点实验室的研究人员，近年在中国大江南北的许多现场地质考察采样中，均发现地球"呼吸"的证据。他们在云南腾冲火山附近的温泉中，检测到从地底深处喷出的甲烷等宇宙原始气体，在南松辽盆地、苏北地区的黄桥、广东的三水地区均发现丰富的具有宇宙原始气体特征的二氧化碳气体，而这一带正好处在地质断裂带上。科学家们还在海洋深处的大洋地脊中，发现原始稀有气体氦，他们将地球的这种现象称之为"脱气现象"。科学家们认为，造成地球"脱气"现象的原因有两点：一是地球在形成过程中凝聚的宇宙原始星云中的气体；二是地球等行星在形成过程中核反应运动的产物。此外，地球"吐纳"气体的节奏也与人类不同，她是在凝聚为行星时，吸集大量原始气体，然后在运动演化过程中，不断释放。

# 地球变暖原因的新发现

由日本和俄罗斯科学家联手对西伯利亚冻土层进行了调查，从近百年来当地冰床的变化中发现：在冰层融化过程中释放的大量甲烷气体，具有远比二氧化碳大得多的增温效应。由于这些甲烷气体正在与二氧化碳"联手"作用，促使地球表面温度不断上升。

自从1992年开始，日俄两国调查组对东西伯利亚北冰洋沿岸永久性冻土中一种叫作"埃德玛"的巨大冰块进行了详细的考察。他们从冰壁上凿取了大量样本，经分析发现，"埃德玛"的形成大约在距今4万至2.5万年前，是气温比现在低6—10□的古冰河期的产物。原来深埋在地下的"埃德玛"是比较稳定的，而今却变得不稳定，地面上出现了许多凹陷的沼泽地。证明由于气温升高，地下冰块正在不断的融化，从而导致地面塌陷。更为重要的是，科学家们已对存在于"埃德玛"冰块中的许多气泡的气体进行分析，结果发现了一个与地球加速升温有密切关系的事实，在这些气泡中保存着远古时代的空气，这些空气中甲烷的浓度为现在空气的几千倍，乃至几万倍。而甲烷对地球大气的升温作用，要比二氧化碳高出25倍，原来从水田、沼泽地以及一些反刍动物的进食过程中均会产生甲烷，于是就形成了一种恶性循环，地球升温→动植物释放甲烷增加→加速升温→"埃德玛"融化→地球进一步升温。由于"埃德玛"的融化，现在俄国西伯利亚北端的海岸线每年均后退4米左右，而且浮在北冰洋的岛屿正在逐渐消失。

# 卫星云图从何而来

每天，电视里的气象卫星云图都会把变幻莫测的天气形势准确生动地传递给人们。这样及时的信息是通过什么方式获得的呢？

寻求答案还要上溯到50多年前。1960年4月1日，美国发射了第一颗气象卫星，使气象卫星及卫星气象学得到迅速发展。

国际上使用的气象卫星有两种：一种叫极轨气象卫星，距地面高度为800—1000公里，沿南北方向经两极附近绕行；一种叫地球静止气象卫星，相对静止于赤道某地上空3.6万公里处，可以观测到全球近1/3的范围。我国是从20世纪70年代初开始利用自己研制的设备来接收美国极轨气象卫星和日本地球静止气象卫星发往地面的云图资料的。目前，定点在地球上空的日本"葵花4号"卫星每小时都要拍摄一张云图照片，然后把高频电波信号通过转发器发送到地球上，再由各地区卫星接收站利用接收仪器转化为图像信号，最后经过计算机再次处理成为电视信号。整个过程全部在无人操纵的自动化中完成。人们从电视里看到的气象卫星云图就这样诞生了。

# 地球新知探趣

近年来，世界上一些科学家和科技工作者经过深入地观测，在与人类关系最为密切的地球天空上又获得了一些重大的新进展。这些进展对于人类生存的环境、地球的未来以及生命起源等变化规律的研究，都将起着不可估量的作用，这里仅举几例：

地球有"尾巴"像彗星一样，地球也有"尾巴"。这是空间探测器与卫星提供的最新资料。地球的尾巴凭肉眼是看不到的，需借助科学的探测卫星帮助。因为地球尾巴的成分是质子组成的等离子体，没有耀眼的光辉。为了揭开地球"尾巴"之谜，美国和日本政府准备发射"地尾"观测卫星进入轨道，尽可能长时间地停在地尾，以获得更多的资料。据报道，太阳系九大行星各自有尾，金星之尾像彗星之尾，水星之尾十分短小，木星之尾则颇长。

地球正在缩小。英国有专家研究提出，地球的半径，正在以每年十分之一毫米的速度缩小。地球自从形成到现在已有45亿年之久，半径已经比初时减少了300千米。地球为什么会缩小呢？专家们解释说，那是由于软体的地幔逐渐熔融，延伸至地球内部的液态金属核。

功不可没的地球卫士——木星。如果没有木星的存在，地球将是怎样呢？最近，美国华盛顿的卡内基研究所用计算机模拟试验得出的结论是：地球上的生命形态不可能发展到目前这样的程度。据报道，实验结果研究表明，木星的质量是地球质量的318倍，具有强大的引力，它把太阳系之外飞来的天体引向自己，起到了地球的屏风作用。否则，这些天体会飞向离木星9.67亿千米的地球。如果没有木星，较大的天体撞击地球的可能就会比目前增加1000倍。正是这种撞击，使6500万年前生活在地球上的恐龙动物灭绝。如果没有木星，这种大的撞击就不是现在每1亿年一次，而是每10万年一次。如果地球上的生命每10万年毁灭一次，那么人类就不可能发展到现在这样的程度。

# 地球自转变慢

科学家说，由于地球自转速度越来越慢，使得日子变得越来越长。

澳大利亚阿德莱德大学的地质学家最近在英国《星期日泰晤士报》上公布他们的研究结论认为：距今6亿年前，地球上的一天只有21个小时；而当2亿5千万年前恐龙首次在地球上出现时，一天延长到了23小时。

另外，英国格林尼治天文台的莱斯利·莫里森博士通过对大量日食和月食纪录的分析，也得出了地球自转变慢的结论。

这家报纸说，设在巴黎的国际地球自转研究中心已将1995年末增加一"闰秒",以平衡地球自转变慢给时间带来的影响。

# 地球为何倾斜

　　地球绕轴旋转,地轴呈23°27'的倾斜,因而才使地球有了昼夜更替和四季变化,并进而支配着气温、风、降水和大气环流,所有这一切又形成了地球上丰富多彩的气候。但是,地轴并不是天生就倾斜的,苏联天文学家沙弗洛诺夫研究认为,地球在形成后的一亿年,尚无厚厚的大气层保护,这时,一颗直径约1000公里,重量超过1000亿吨的近地小行星,因受地球引力作用突然一头撞向地球,巨大的冲击力使地球的自转轴发生了23°27'的倾斜,表面温度也升高了约1000□。幸亏当时地球上还没有任何生命存在,否则后果不堪设想,然而,却使地球从此有了更适合生物繁衍生长的外部环境。

# 人类首次目睹小行星撞击地球

　　1996年11月22日,在中美洲洪都拉斯首都特古西加尔巴以西200公里的圣路易斯,一声巨响后,落下一个拖着长长尾巴的火球,爆炸气浪引起的火灾烧毁了数英亩的咖啡田,附近的国道也受到了破坏。许多人目睹陨石落下，并形成陨石坑，这还是世界上第一次。

现场的陨石坑直径达50米，陨石的形成时间大约在40亿年前。这是自1908年落在西伯利亚通库斯卡的那一次陨石以来规模最大的一次小行星撞击地球。

这次洪都拉斯陨石有一个令人费解的地方。根据碰撞实验证实，陨石坑的大小通常为碰撞天体直径的10—20倍。因此，直径50米的陨石坑应该是小于5米的陨石撞击而成的。由于它是经过地球大气层摩擦燃烧后剩下的部分，所以如果是石质小行星，其直径至少有30米，而若是铁质小行星，也应该有10米左右。然而，这次的小行星只有它的一半。日本国立天文台的矶部秀三副教授认为，这颗小行星可能是一种密度更高的特殊铁质小行星。

# 神秘的北极光

假如你在北极圈上空乘飞机观光，便会看到一幅绚丽壮观的奇景，在天空四周放射和转换着淡蓝、绿、粉红，羼杂鲜红条纹的彩色光带，这就是人们常说的北极光。这美丽的极光是怎样产生的？

挪威物理学家柏克兰提出，太阳连续不断向地球放射质点，离地球5万至6.5万千米以外有一层磁场将地球罩住。太阳的质点直射这层像毯子一样覆盖地球的磁场而被挡住时，便散向地球四周，"寻觅"钻入的空隙，结果约有1%的质点钻入北磁极或南磁极附近的大气层。每颗太阳质点含有等于2000伏特的电力，它们在100千米外的高空大气层中与原子和多半由氧和氮构成的分子相遇，便生成了奇景。

原子吸收了太阳质点所含的一部分能时，立即又将这额外的能放射而发出极强的光线。氧发出绿和红色的光，氮则发出紫、蓝和少许深红色的光。

# 大陆漂移理论得到证实

地壳板块构造运动学说最近又获得新的证实，这个由德国地球物理学家A·魏格纳1912年提出并经各国科学家充实完善的大陆漂移理论认为，组成地壳的各个部分处于明显而不断的运动之中。

对地壳板块相互位置及其运动进程的实验性观察，大约开始于15年前，观察的基本方法是对来自遥远宇宙天体（类星体）的无线电讯号进行同步接收。此项研究由分布在北美、欧洲、亚洲、非洲及大洋洲的几十个观测站同时进行。

研究结果令人惊奇：北美大陆以每年4.5厘米左右的速度"逃离"欧洲西部，而且阿拉斯加移动方向不是向西而是西南，其移动速度稍慢，大约每年3厘米。太平洋板块（包括美国加利福尼亚）的漂移更为有趣：它的中心区域始终以每年不少于5厘米的速度向西北偏西方向移动，因此加利福尼亚将来很可能脱离北美大陆而成为单独漂移的板块。

# 北回归线逐年南移

从20世纪初起，我国先后在北回归线经过的台湾嘉义、花莲、广东封开、从化、汕头建造了五座北回归线标志塔，成为目前世界上拥有回归线标志塔最多的国家。嘉义市天文协会的专家早就发现北回归线有逐年南移的现象，每年约南移14米，1990年测出较该塔初建时的1907年已南移约1179米。

北回归线为何会逐年南移？

所谓"回归线"，一是指地球上赤道南北两侧赤纬等于黄赤交角的两条赤纬圈。由于太阳赤纬在一年中的最大正、负值等于黄赤交角的值，太阳的周年视运动的位置在这两条赤纬圈之间变化。

二是指在地球南、北两半球上纬度等于黄赤交角值的两条等纬线。在北半球上的称为"北回归线"；在南半球上的称为"南回归线"。

天文学家研究发现，由于黄道和赤道平面受到日、月、行星摄动，黄赤交角也随之不断地发生微小变化。近年，黄极向天极靠近，黄赤交角每世纪减少约47秒，将延续约15000年然后将转为增大。这样，黄赤交角每年减少0.47秒；北回归线每年就南移0.47秒，就是约14米。

因此台湾嘉义市天文协会的专家发现北回归线每年南移约14米是正确的。

# 日本缘何地震多

日本素有"火山地震国"之称，地震之多，为世界所罕见，每年发生有感地震1000余次，大地震也时有发生。1993—1994年间，日本已先后发生4次里氏7级以上的大地震：1993年1月15日北海道的钏路市发生里氏7.5级地震，造成1人死亡，100多人受伤；1993年7月12日北海道奥尻岛发生里氏7.8级地震，造成200多人死亡；1994年10月4日和9日北海道钏路市又先后发生里氏7.9级和7.3级地震，造成1人死亡，200多人受伤；1994年12月28日本州岛北部青森县八户东约200千米处的海域发生里氏7.5级的地震，造成2人死亡，200多人受伤。

为什么日本的地震如此频繁，根据板块学说的理论，全球岩石圈分为六大板块：亚欧板块、非洲板块、美洲板块、太平洋板块、印度洋板块和南极洲板块。每一大板块又分为若干小板块。这些板块漂浮在深约200—400千米的软流层之上，始终处于相互挤压、拉张等运动状态，岩石在这种力量作用下，也相应地产生挤压，拉张或扭曲，岩石承受不了这种力量时就产生错动，由错动产生的能量一经释放，就造成地震。大地震往往是活动断层贮存的巨大能量突然释放而产生的。一般说来，板块内部地壳相对比较稳定，而板块与板块之间的交界处，则是火山地震活跃地带。日本正处在环太平洋火山地震带的东缘，位于欧亚板块和太平洋板块的交接地带，板块之间的不断碰撞，使得日本犹如坐在一把摇晃不停的椅子上。如1993年7月发生的里氏7.8级大地震就是欧亚板块插入太平洋板块之下引起的，由此造成的地壳错位最明显处达5米之多。而兵库县南部的地震被看成是太平洋板块与属欧亚板块的菲律宾板块向日本所处的欧亚板块部位挤压，顷刻间使得板块上方的日本关西地区天崩地裂，仅仅20秒钟，一切变得面目全非。据卫星测定，这次地震将距离震中50千米处的兵库县御津町向东移动了4厘米，高松市向东移动1厘米，奈良县的吉野町向西北移动3厘米，津市向西移动2厘米，和歌山县海南市向西南移动1厘米。

# 世上没有地震的地方

根据科学家30年的观测结果表明，世界上大部分地区都有地震发生，唯有北极的格陵兰岛和南极大陆是世界上没有地震的地方。

这是为什么？孟菲斯大学的科学家经过考察后认为，由于格陵兰岛80%的面积和南极大陆90%的面积都覆盖着厚度在3千米以上的冰层。在这种冰层的重压下，冰层的底部处于近乎熔点的状态，重压所造成的垂直向上强烈的压缩，分散和减弱了地壳的形变，从而消除了地震的发生。

# 南极洲别称知多少

"荒凉的大陆"——南极洲是地球上发现最晚的大陆。18世纪70年代到19世纪初,英国、挪威、俄国等国的探险家才纷纷到南极探险。目前,南极洲是地球上除考察人员外定居人口最少的荒凉大陆。6户智利人于1984年2月14日离开圣地亚哥前往南极洲,他们在那里生活两年,建立一个南极移民村,这是世界上最早的南极洲移民家庭。

"世界的寒极"——南极洲地处高纬,海拔高,冰雪覆盖,气候酷寒,年平均气温为-25□以下,极端最低温达-88□以下,是目前地球上气温最低的纪录,被称为"世界的寒极"。

"世界的风极"——终年酷寒,使南极大陆形成一个强大的高气压中心,常由大陆中心向四周盛吹反时针方向的极地东风,大部分地区的年平均风速17—18米/秒,最大风速可达100米/秒,是地球上风暴最强烈、最频繁的大陆。

"世界的冰库"——南极洲95%以上被冰覆盖,冰量占世界总冰量的90%,如果南极洲的冰全部融化,世界洋面将升高50—70米,世界上许多沿海平原和岛屿、低地将被淹没。因此南极洲被誉为"世界的冰库""世界的冰箱""世界的淡水库"等。

"白色沙漠"——南极洲是地球上最干燥的大陆,大部分地区的年平均降水量为55毫米以下，降水量最少的地方不足5毫米。其降水大部分是雪。因此，人们往往用"白色沙漠"，来形容这个终年冰雪覆盖的大陆。

"矿产宝库"——据初步调查勘探，南极大陆地下有220多种矿物，查尔山脉周围埋藏着厚度为100多米含铁量30—38%的磁铁矿，是当今世界上发现的最大磁铁矿床，如能开发，足够全世界使用200年。在维多利亚地带有储量很大的煤田。石油储量约400亿吨。

"企鹅之乡"——企鹅是南极的象征，故有"南极的居民"之称。企鹅有流线型的躯体，站在那里，像身穿白衬衣，黑燕尾服的绅士，所以又有"南极绅士"之称。

"海豹王国"——全世界大约有18种海豹，南极洲在数量上占绝对优势。目前，南极海豹约有1340多万头。有性情温和的食蟹海豹、须鲸海豹，还有凶猛的豹形海豹等。海豹的脂肪和毛皮昂贵，是一种难得的动物资源。

"蓝鲸食堂"——南极洲是世界上产鲸最多的地区，由于近几十年来的捕杀正日趋减少。主要种类有蓝鲸、虎鲸、抹香鲸、座头鲸等。蓝鲸是迄今地球上最大、最重的动物，有记录的最大一头蓝鲸，体长达34米，体重约170吨。蓝鲸的胃口最大，每天要吃四五吨，常以体长只有4—5厘米的南极磷虾为食。

# 科学家推测地球的归宿

根据科学推测，地球形成46亿年以来，经历了沧海桑田的巨大变化，不但孕育了万物生灵，还培育了人类文明。然而，有生就有灭，地球将以什么方式走向"生命"的终结呢？

最初，有些人认为地球最终将变成一个巨大的"水球"。理由是，太阳就像火炉一样，它的能量将逐渐减少，温度和光度也不断下降，最终会熄灭。因此，地球也逐渐冷却，寒冷地区不断扩大，海水不断冰冻，生命相继灭绝。

随着人们发现了太阳发光的奥秘，有些科学家又提出了地球以"火化"告终的新观点。他们认为，太阳现在是以氢核聚变的形式向外不断辐射能量，在大部分氢燃料耗尽之后，氦和其他较重元素将会接替反应，而且所产生的能量远远高于氢聚变。由于太阳外壳将会剧烈膨胀，总有一天，地球就会被太阳吸引进去而熔烧成灰。

# 为什么要保护海洋环境

人们一定以为蔚蓝色的大海，浩瀚无边，让人心旷神怡。可是，你有没有想过，陆地上的各种污染物也通过多种途径进入海洋。长期以来，人类也直接、间接地把海洋作为处理废物的场所，使海洋成为一切污染物的"垃圾箱"。

海洋污染使海洋生物赖以生存的生态环境日趋恶化，许多海洋生物的生长和繁殖受到损害。不少海洋生物已濒临绝迹，有的海洋生物已经灭绝，使海洋生态系统向着简单化方向退化。

有人会问了："表面受污染并不影响鱼类的生长啊！它们都生活在水中，偶尔才露一下头的。"可是，水是流动的，表面水质污染漫延深底海洋，海洋也受到污染，改变了鱼、虾、贝类等的生活环境，造成了渔场外移，滩涂荒废。当沿海水域受到大量植物营养元素的污染时，浮游生物急剧地繁殖，使水色变赤。

海洋的污染使污染物通过食物链在海洋生物体内蓄积，移祸于人类。比如：海盐遭到污染，长期食用受污染的海盐，必然会对人类健康造成损害，因此，要保护好海洋环境。

现在，海洋污染状况的监测，已引起人们极大的关注。我国从1978年开始进行这个监测，这种监测已经与世界各国同步进行。看来，海洋污染会随着人们的关注而减少。

# 沙漠本是大水箱

今天，地球上沙漠的面积已经大于月球的表面积，然而沙漠还在不断扩展和延伸，这就是沙漠化。沙漠化主要由自然力引起，但人的因素（如砍伐森林等）和动物对绿色植被的破坏起了促进作用。

从卫星拍摄的照片可以看出，撒哈拉沙漠在5年内扩大了50万平方千米，而在短期内又缩小了75万平方千米，也就是说，沙漠就像原生动物一样的伸缩。国外的气象学家认为，沙漠面积的增大与地球气候转冷有关，较冷的空气密度较大，因此吸收潮气较少，造成的雨量也较少。

虽然当前沙漠地区只居住着全球人口的4%，但实际上大部分沙漠并不是真正的不毛之地，沙漠中也不是没有水，如非洲东北部的努比亚沙丘下面有大量淡水，澳大利亚辛普森沙漠下面贮藏着87兆（即87万亿）立方米的水，撒哈拉底下是个"海"。沙漠下面的水是一种长期积聚的渗透水，带有粉笔灰的味道。只是这些水形成"河流"（暗河）的极少，而是含在沙漠下面多孔的石灰石或玄武岩中，沙漠中低洼的地方，这些水就渗冒出来，于是形成沙漠中的绿洲。

# 撒哈拉沙漠正在收缩与扩大

科学家发现，撒哈拉沙漠并非如一般人认为的那样一直在无情地向南推进，像是要吞没非洲北部。撒哈拉的广大地区，其实在经常地扩大和收缩。

有关撒哈拉沙漠不断扩大的观点，始于1916年，当年地理学家从高空拍摄了许多该地区的照片，这些照片显示沙漠正向南移。

近年来联合国的专家也估计，撒哈拉沙漠平均每年扩张3—12英里。尽管如此，长久以来科学家对此仍抱怀疑态度。

最近，科学家利用人造卫星，测量了从1980—1990年间撒哈拉沙漠的地面植物和降雨量，以此来测定它的范围。结果显示，在这期间，撒哈拉沙漠虽扩张7%，然而它的改变却年年不同，以至不能推断出一个长期的变化趋势来。

例如，从1980—1984年间，撒哈拉沙漠地带由340万平方英里，扩大到390万平方英里，扩张了15%。然而一年之后，撒哈拉沙漠却又缩小了28.2万平方英里，收缩率接近8%。

研究发现，1990年撒哈拉沙漠的南界，位于其1980年时南界以南的79英里处，却又位于1984年时的南界以北69英里处。专家由此推断，撒哈拉沙漠的实际情况，比人们一向假定的要复杂得多。

# 咸海悲歌

四周尽是滚滚盐沙，农田被吞没，难觅绿色植物；干涸的湖床上躺着一些锈迹斑斑的渔船；大湖已化整为零，不见生机。这是笔者在咸海地区参观访问时看到的情景。这似一曲曲悲歌，诉说着咸海的厄运。

咸海，又译"阿拉海"，古称"花剌子模海"，位于中亚地区的哈萨克斯坦和乌兹别克斯坦交界处。咸海是地球上最早形成的内陆湖泊之一，千百年来孕育了中亚文明的摇篮——阿姆河和锡尔河。这两条河分别经土库曼斯坦、乌兹别克斯坦和哈萨克斯坦由东南向西北注入咸海。咸海流域的主要国家还有塔吉克斯坦和吉尔吉斯斯坦，流域面积69万平方公里。直到20世纪60年代初，咸海水量丰富，水域面积6.4万多平方公里，湖水平均深度达53.4米，水上运输业发达，捕渔业兴盛。咸海是世界第四大咸水湖，湖岸四周是被称为泰加林的原始森林和沼泽地。咸海曾有"中亚草原明珠"的美誉。

而在50年后的今天，由于注入咸海的阿姆河和锡尔河的水90%被截流用于农田灌溉，咸海水量已损失75%，湖水深度下降了近20米，水域面积缩小了一半。阿姆河三角洲的50个湖泊大都相继干涸，沼泽地上的天然植被相继衰败，退化为盐地和沙丘。水退沙进，干涸的湖底形成了面积约有3.6万平方公里的被称为"咸海沙漠"的盐滩。科学家预言，到2015—2020年，咸海将从地球上消失。

当飞机飞抵咸海上空时，我们俯视咸海，所见令人震惊：昔日那碧波荡漾的壮观湖面已不复存在，那一望无际的咸海已化整为零；一些坑坑洼洼的湖水显得有些发红；裸露在我们眼前的却是构成咸海海底的盐碛地。

# 什么叫"绿色行动"

保护我们的生存环境！这是今天最能引起不同地域、不同种族的人们强烈共鸣的话题。你看：臭氧层耗损、温室效应、水土流失、森林减少、垃圾成山、动物灭绝、空气和水污染、癌症发病率上升……从我们生活的地方直到全球各个角落，抱怨、呼吁声不绝于耳。人们以牺牲环境的代价来换取短期的经济增长和繁荣，到头来不仅未能真正提高生活的质量，反而使大多数人的生活质量每况愈下。

如果你生活在一个城市，你一定经常听到这样的叹惜：空气太脏、河水太臭、交通太挤、噪音太大。环境污染严重，大多的抱怨是无济于事的，我们最需要的是行动。

现在一些城市的人们已自发地在江河上打捞漂浮物，有关报纸曾刊载过这样的消息。这些行动给人特别的惊喜，他们的行为很高尚也并不孤独。在一些发达国家里，有一些叫绿色和平组织的非官方机构正在引起社会广泛的关注，他们正以不屈不挠的精神同种种危害环境的行为做斗争。

社会公众的绿色意识已开始觉醒并开始化为自觉的行动。国外一些企业在这方面做得不错，德国已开发出绿色电视机、绿色轮胎，美国、日本也分别开发出绿色纸、绿色计算机、绿色汽车。我国也开发了无氟冰箱、无铅燃料、低毒涂料等。

环保意识正成为浩荡的世界大潮，未来世纪必将是绿色商品的世纪。而消费绿色商品，采取绿色行动是为了保护我们的都市、国家和地球。

# 历法、气象趣谈

# 四种纪年法

帝王纪年法是我国古代最早的纪年方法。它是以帝王即位之年或次年为元年，依次为二年、三年……按顺序计算。我国历史上确切纪年开始的时间是西周时的共和元年，即公元前841年。此后，每一帝王都有明确的纪年。如周平王元年为公元前770年，汉高祖元年是公元前206年。春秋、战国时期较特殊，在全国范围采用东周帝王纪年，在列国中，则以诸侯纪年。如周平王三十一年和楚武王元年皆指公元前740年。

年号纪年法是帝王纪年法的继续。自从汉武帝建元元年（公元前140年）以后，我国历代帝王都用年号纪元。唐太宗的年号为"贞观"，他的统治时期就用"贞观"纪年，贞观年间指的就是公元627年至公元649年，从汉武帝到清宣统帝，我国历史上共有600多个年号。有的皇帝有好几个年号，如武则天有 17 个年号。明清皇帝都是一个年号到底，如明太祖一直使用"洪武"年号。因此，明清时期也就以年号作为皇帝的代称，如"崇祯帝""乾隆帝"等。在历史书籍中通常用"双时法"将公元纪年附在后面，如康熙二十二年（公元 1683 年）。帝王纪年法也如此。

干支纪年法是我国古代使用的由十天干与十二地支依一定顺序，配对组成的纪年法。甲、乙、丙、丁、戊、己、庚、辛、壬、癸组成了天干，十二地支包括子、丑、寅、卯、辰、巳、午、未、申、酉、戌、亥。六十年一轮，称一甲子，周而复始，这种方法始于汉代，是我国古代文史资料记事用的纪年标准，与年号纪年法并用。在中学历史教材里，此法多用于近代史方面，如中日甲午战争、戊戌变法、《辛丑条约》、庚子赔款、辛亥革命等。干支纪年法有一定规律可循，如凡是甲字开头的，公元年代的末位数必然是 4，乙字开头的是 5，丙为 6……依次类推。如东汉末年黄巾起义发生于甲子年，即 184 年；中日甲午战争发生年是 1894 年；《辛丑条约》是 1901 年签订的；辛亥革命发生在 1911 年，其尾数皆相同。

公元纪年法是世界上通用的纪年方法。公元就是公历纪年。公元元年是开始纪年的标志，相传这一年是耶稣的诞生年。由公元元年开始向前推算称为公元前××年，向后推则称公元××年（"公元"二字可省略）。公元前的年代，数字越大，距今越远，公元后的则正好相及。这种纪年方法在欧洲 6 世纪开始使用，全世界普遍使用则在公元 1400 年前后，我国是在辛亥革命后才使用公历，1949 年 9 月 27 日，我国政府决定，把公历 1 月 1 日称为元旦，农历正月初一为春节。

# 公历二月为何只有28天

公历的前身叫儒略历，是公元前46年，罗马皇帝儒略·凯撒颁行的。他规定每年分12个月，单月31天，双月30天，一年共计366天，但这样比一年应有的365天多了一天，故而要想法扣除一天。古罗马时，犯人判处死刑，在每年2月执行。2月被认为是不吉利的月份，儒略·凯撒就从2月份中减去了一天，所以2月只剩下29天（闰年30天）。后来，凯撒被刺身死，奥古斯都做了皇帝。他发现凯撒诞生的7月份是31天，而自己出生的8月份却只有30天。为了显示自己的威严，他又从2月中减去一天，加到8月中去，使8月份也变成31天，由小月变成了大月；同时把以后几个月的天数相应地作了改变，即9月、11月改为30天，10月、12月改为31天。从此，2月份就只有28天了（闰年29天）。

# 一天为何从半夜开始

古代人们把太阳经过当地子午圈的两个瞬间，分别称作上中天（中午12点）和下中天（半夜12点）。下中天人们是无法见到的，因为太阳在地球的背面。古人把上中天的时辰定作（午正），下中天定位（子正）。由于太阳经过子午圈上中天的瞬间，正是太阳当空，观测起来简单易行，如果把这瞬间算一日开始，似乎也合理，但这样就会把好端端的一日人为地截成两半，人们的生产、生活，无疑会带来不少的麻烦。所以，古代聪明的天文学家就将子正时辰（半夜12点，即0点）作为一日的开始。当人们甜甜熟睡之时，新的一天也就诞生了。

# 农历与生肖

所谓"生肖"，即鼠、牛、虎、兔、龙、蛇、马、羊、猴、鸡、狗、猪。

我们现在的日历上有个农历。这个农历在我国已经沿用了约3000年。农历不像公历那样用数字来纪年，而用干支纪年法。所谓干支就是天干地支的简称。天干就是甲、乙、丙、丁、戊、己、庚、辛、壬、癸，共十个字，地支就是子、丑、寅、卯、辰、巳、午、未、申、酉、戌、亥，共十二个字。把天干和地支对应相配，周而复始，天干经六个循环，地支经五个循环，正好都是六十，即六十年为一"甲子"。人们称60岁的人为"年已花甲"，就是由此而来。然后又从"甲子"年开始算起，依次排列。这十二个"地支"又分别配上了十二种动物来代表，如鼠代表"子"，牛代表"丑"，依次是寅虎、卯兔、辰龙、巳蛇、午马、未羊、申猴、酉鸡、戌狗、亥猪。每年都以一种动物为代表，那一年生的人就属这个"生肖"。在古代，干支纪年又同五行（金、木、水、火、土）相生相克的学说结合起来，于是不同生肖的人相互也被说成有了"相生相克"的关系。

# 趣谈春天的开始

从什么时间起算是进入春天的呢？古今各说不一。

一是说从"立春"开始。其理由是"立春"为二十四节气之首。立春一般在阳历的二月四日至五日，也正好处在春节前后的十天之内。

二是传统说法，指正月、二月、三月。把正月叫着"初春"或"元春"；二月称"早春"或"仲春"；三月为"阳春"或"暮春"。因为单位以"立春"为春天的开始，并不符合天气的实际情况。"立春"之日不是"五九"尾，便是"六九"头。

三是现代气象学上的规定：春天的标准温度，是平均温度在10□—20□。

我国幅员广大，南北由热带到寒带，较为合乎自然界气候变化规律，还是以气温为标准，确定春天到来的迟早较为科学。

# 气候与国名

非洲东北部的埃塞俄比亚（北纬4°—18°），地处低纬热带，"埃塞俄比亚"在古希腊语中是"晒黑了的面孔""被太阳晒黑的人聚居的土地"的意思。因为那里的居民属黑色人种，面色黝黑，古人误以为是受强烈阳光直接照射所致。据记载，在用"阿非利加"一词称呼非洲以前，人们就曾用过"埃塞俄比亚"来称非洲大陆。因为赤道横贯非洲大陆中央，绝大部分地区属阳光灼热的赤道和热带地区。拉丁语有个词叫"阿普利加"，就是"日晒"的意思，有人认为"阿非利加"可能是由此转变而来的。在现代希腊语中，"阿非利加"也有"没有寒冷"的意思。

世界上有几个位于赤道上的国家，其中有一个叫厄瓜多尔，位于南美洲，在西班牙语中那就是赤道（英语等其他西文的音译也十分相近）的意思。但有趣的是，厄瓜多尔绝大部分地区实际上并不热，因为它境内大部分地区海拔都在千米以上，气候温和，四季如春。例如首都基多市海拔2812米，全年各月平均气温都在13□左右，一早一晚还要生火驱寒。非洲卢旺达首都基加利也属赤道地区，由于海拔比基多低一半，因而一年四季月平均气温均在20□—21□之间，便号称"常春之国"。

亚丁湾的西端有一个面积不大的吉布提共和国（北纬约11°—

12°）。在当地的阿德尔语中，吉布提是"沸腾的蒸锅"的意思，因为吉布提所在的阿德尔低地的地貌就和一口锅差不多，气候也像火烤似的。例如"锅边"滨海的首都吉布提市5—9月间月平均气温高达31□—34□，6—8月中午最高气温平均都在44□左右，比我国最热的吐鲁番还要高出约4□，"锅底"处气温还要高，由此引申出"炽热的海滨之国"的说法。

相反，南美洲南部的智利却有"寒冷的土地"的意思。实际上，智利是个南北向狭长形状的国家，其北端仍是典型的热带气候，只是南部才比较寒冷。例如智利最南部的火地岛上的彭塔阿雷纳斯（南纬53°02′，海拔35米），最热的12—2月平均气温才10□—11□，最冷的6—7月平均气温均只有2□，已属于副极地气候。

据记载，欧洲的立陶宛共和国，这里的年雨量超过700毫米，几乎均匀分布于全年各月之中，全年大约2/3的时间太阳被云雨所遮。在这种长冬无夏的中、高纬度地区中，700毫米的年雨量确实已经是相当多了。

冰岛位于北极圈以内，因此虽然有大西洋暖空气调节，但仍比较寒冷，例如首都雷克雅未克最热月份平均气温只有10□—11□，最冷1—2月为0□，比智利的彭塔阿雷纳斯还冷。全岛大约有1/8的地面终年为冰雪覆盖，因此有"雪地""冰的陆地"之称，因其为岛国，因而汉译为冰岛。不过冰岛虽冷，但火山温泉众多，地热丰富，热带水果在温室中生长良好，是个"冰与火"并存的国家。相反，格陵兰（Greenland）在英语中虽是"绿色土地"之意，但实际上它是地球上仅次于南极的第二大冰盖，大部分地方在北极圈以内，84%的面积被平均厚达2300米的冰川所覆盖，仅仅在沿海低海拔地区盛夏季节中平均气温才能升到0□以上。

# 我国近期气候变化预测

"国家气候蓝皮书"综合了国内大多数研究的结果，得出了我国近期气候变化的预测结果：

20世纪90年代我国北方将是暖湿气候，我国南方（不包括西南地区）将是较为冷湿的气候时期（均指与当地原来气候比较）。

普遍认为从20世纪90年代起到下世纪中期，总的气候趋势是增暖，特别是2030年后增暖明显。但在增暖过程中仍会有时间尺度为20—30年、气温变化幅度0.5□—1.0□之间的气候波动（最大可接近2□）。

如果到下世纪中期平均气温上升2□，我国可能将再次出现类似3000年前曾经出现过的温暖气候情景。届时我国亚热带北界将由现在的淮河、秦岭扩展到淮河以北，冬季中徐州、郑州一带的温度将和现在的杭州、武汉相似。而东北和内蒙古最北部及青藏高原上的大部分多年冻土和祁连山、天山的小冰川都将趋于消失。长江流域及其以南夏季更趋炎热。大范围地区气温的上升，必然要导致降水量地区分布的改变。根据近500年我国旱涝史料分析，在气候温暖时期，我国东经110°以西黄河及长江上游地区可能变湿；而我国东部地区，特别是黄淮海平原可能变干，出现干旱的概率将显著增大。另外，气候变暖将使全球海平面上升，这将直接威胁我国所有的滨海地带。

不过，"国家气候蓝皮书"也指出，气候预测是一个复杂的综合性科学问题，现在还处在试验研究阶段。

# 气候对人种的"打扮"

生活在赤道附近热带地区的人，由于光照强烈，气温又高，人的皮肤颜色黑黝黝的。为抵御非洲酷热的气候，他们的脖子很短，身体大多前屈。其脑骨容量平均为1297立方厘米，头明显偏小，而鼻子较阔，这样便于散发体内热量。

在寒带、温带的高纬度地区，太阳常年不能直射，光照强度较弱，气温很低，严寒期又长，这里大多为白种人。为了抵御严寒，他们往往生有一个比湿热地区的人更钩的鼻子，鼻梁较高，鼻孔道较长。就头型而言，寒带和温带居民脑骨容量平均为1386立方厘米，他们头大、头型圆、脸部比较平，这很有利于保温，减少散热量。

气候对身高的影响更为明显，以我国为例，北京的年日照时数为2778.7小时，武汉年日照时数为2085.3小时，广州年日照时数为1945.3小时，所以这些城市居民的身高依次由高到矮。原因是日光中的紫外线能使人体皮肤内的脱氢胆固醇变成维生素 D，成为人体内所需维生素 D 的主要来源。维生素 D 是骨骼吸收钙的前提，有促进骨钙化和长粗、长高的作用。

# 火灾的多发季节和时刻

就全国而言，冬春季是全国火灾的普遍高发季节。因为该季节中我国大部分地区雨雪稀少，空气干燥。而夏季中全国大部分地区进入雨季，所以是全年火灾最少的季节。以地区而言，淮河秦岭以北的北方地区和川西、云南等西南地区，火灾最频季节是冬季和春季，可称冬春型；秦岭淮河以南的江南华南地区，因为春季多雨所以火险以冬季和秋季为重，可称秋冬型；全国只有西北干旱地区，因为全年基本没有雨季，火情的季节变化不大，可称全年均匀型。

台湾最北部基隆、台北附近地区，由于地形性冬雨多，湿度大，因而冬季火险反轻于夏季。但台湾中部和南部广大地区因为雨季在夏，10 月至来年 4 月期间，少雨干燥，加上风速又较大，便是全年最易发生火灾的季节了。

火灾在一天之内发生的概率也是不同的。白天气温高，相对湿度低，风速又较大，因此森林火灾都是白天多于夜间，尤其以午后12—17 时最多。但城市火灾情况有所不同，往往夜间反比白天多，这是因为工作人员离开了工作场所，火险不能及时排除。例如据河北石家庄市最近20年统计，全天以18—23时火灾概率最大，约比白天高出2倍之多。这还因为这段时间内居民集中用火用电之故。

# 气象科学的未来

气象预报是生活中不可缺少的一件事情，天气的变化对生活和国民经济建设有着直接的影响。例如：飞机的起飞、降落、侦察，船舶在海洋上航行，都与风、云、雨、雾有密切关系。还有灾害性天气，如台风、暴雨、冰雹、龙卷风等，对工农业生产和人民生活都有很大的影响。气象台每天把测出来的天气预报，通过广播、电视、报纸、电话及时告诉我们。让我们能够充分地利用有利的天气条件，预防和克服不利的天气因素。

气象科学对于人类的生存和发展既然非常重要，让我们来看看它的发展前景：

一、气象观测和预报技术将实现全面自动化，气象观测和资料传递主要由气象卫星来承担。

二、全球性气象自动测报网将连成一片，并由统一的电子计算机指挥中心进行管理。

三、各类天气图的填绘、分析也将实现自动化，使预报人员从操作性劳动中解放出来。

四、天气预报将进一步向准确化、定量化、客观化和自动化方向发展。

五、除了气象卫星外，未来各类新型的雷达，将在监视天气变化方面发挥越来越重要的作用。

六、各类型的现代机器帮助人们绘制和分析天气图，能很快查出历史上曾出现过的各类天气形势和天气过程，进行天气预报。

七、未来的"气象日历"，只要你打开一看，就可以知道一年中任何一天的天气情况。

# 天气预报中专业用语的含义

时间气象预报中"白天""夜间"的划分，与人们日常概念不同。我国气象台预报天气时以北京时间为准，把一天24小时划分为不同阶段：白天为8时至20时，夜间为20时至次日8时。

天气状况晴天：指天空中云的覆盖面不到天空的1/10。少云：指云的覆盖面占天空的1/10至4/10。多云：指云的覆盖面占天空的4/10至8/10。阴天：指云的覆盖面占天空的8/10以上。小雨：指24小时内降水量在10毫米以下。中雨：指24小时内降水量在10—25毫米。大雨：指24小时内降水量在25—50毫米。暴雨：指24小时内降水量在50毫米以上。小雪：指24小时内降雪量在2.5毫米以下，一般在短时间内不会形成积雪。中雪：指24小时内降雪量为2.5—5毫米，能形成地面积雪。大雪：指24小时内降雪量在5

毫米以上，地面形成积雪很快。

最高温度指一定时间内气温的最高值。一天中最高气温通常出现在14时前后。

最低气温指一定时间内气温的最低值。在正常情况下，一天的最低气温在日出前出现。

# 风云缘何多西来

从中央电视台播放的卫星云图上不难发现，我国上空的风云系统大多自西向东移动。人们根据这一基本规律，似乎都能制作天气预报。原来，大气随地球一起转动时，在太阳辐射、地球自转偏向力及地表摩擦力等共同影响下，形成一些较有规律的基本流向，人们称之为大气环流。在北半球中纬度地区大约离地面5—15千米处，大气基本流向自西向东沿纬圈方向环绕地球运行，这一带状风区被称为西风带，是全球大气环流中的主要成员之一。在这条宽广的西风带内，还往往有若干宽几百千米、长数千千米、高几千米、风速达30米／秒以上的强风带，人们称之为西风急流。在西风急流附近，南北方向温差大，实际上它是中高纬地区冷性气团与低纬地区暖性气团的过渡带，也就是冷暖空气斗争的主战场。因此，在西风急流之下最易产生气旋、锋面等风云系统。西风急流的位置及强度随季节不同而变化，它制约着风、云、雨、雪等复杂天气的运行路径、活动范围及其强弱，是制作天气预报的重要依据，历来受到气象学家的高度重视。

# 世界"雨极"

1861年，位于喜马拉雅山南麓的印度阿萨密邦的乞拉朋齐，一年里下了20447毫米的雨量，夺得了世界"雨极"的称号。时隔99年之后，1960年8月至1961年7月，乞拉朋齐再一次以下雨量26461.2毫米的成绩，打破了自己的纪录，蝉联了世界"雨极"的荣誉！

26461.2毫米比起台湾火烧寮于1912年创造的我国"雨极"纪录8408毫米多18053.2毫米，比北京42年的总降水量还多！

乞拉朋齐为什么会下这么多的雨呢？这是因为印度洋是世界最潮湿的地区，那里是湿空气的"仓库"，当西南季风从孟加拉湾吹向西藏高原时，巍巍的喜马拉雅山不让它越过，湿润空气被逼发生上升运动，凝结成大量雨滴，瓢泼般地降落在乞拉朋齐，使它成为世界"雨极"。

# 世界上的定时雨

世界上一些地方，下雨竟能遵守时间，到时必下，故称"定时雨"，例如：

美国的宾夕法尼亚州的韦恩斯堡，在每年7月29日，即使前一天还是万里无云，烈日当空，可一到这一天，雨水就会从天而降。所以当地人把每年的7月29日确定为"降雨日"。

在巴西的巴拉城，每天都要下几场雨，且每次降雨时间大致相同，因此该市居民习惯于用下雨的次数作时间，如约定见面时间，不说在几点钟，而是说上午（或下午）第几次雨前（或雨后）。

印尼爪哇岛的土隆加贡地区，每天都有两场准时降临的大雨。当地小学下午上学或放学都不用时钟报时，而是把两次下雨时间分别作为上课和放学时间。

# 新疆有个月月飘雪的地方

新疆巴里坤草原四面环山，虽处中温带，但属于地域性气候，无霜期仅60—80天，历称"六月飞雪八月霜"。1995年7月20日，这里绵绵细雨使气温剧降，转而变成一场大雪，飘飘洒洒从中午下到下午7时，绿色草原及农作物全被大雪覆盖，使大面积正值盛花期的油菜遭霜冻，万余只羊被冻死。这场雪，打破了这里7月无霜雪的历史，成为我国月月都下雪的地方。

# "三大火炉"并非是中国最热处

我国最热的地方不是长江"三大火炉"（南京、武汉、重庆），而是新疆的吐鲁番盆地。它每年炎热日平均有100多天，酷热日有38.2天，绝对最高气温为48.9□，被称为我国的"热极"，是全国最热的"火炉"。其原因是：

纬度较高，夏季日照长。吐鲁番盆地位于北纬43°，夏季，那里昼长夜短，白天长达15小时，高空云雾少，太阳辐射强，日照长。炎热的光照，几乎全部用于地面和空气增温，致使盆地内气温猛升。

深居内陆，远离海洋。它地处我国干旱的内陆区，距海遥远，海洋的水汽难以到达，降水稀少，平均年降水量仅16.6毫米。没有足够的水分蒸发，吸收热量，来调节温度，使之降低。

地势低洼，不易散热。吐鲁番盆地是天山地区陷落最深的盆地，艾丁湖湖面海拔—155米，是我国地势最低的部分。盆地周围高山环绕，地势低洼闭塞。在夏季，这样的地形，使盆地内受热上升的空气不易散发，热量大量积蓄，外来气流进入盆地时，沿山坡下沉增温，具有干热性质，增加了炎热程度。

综上所述，吐鲁番盆地炎热是与距海遥远、纬度较高、地势低洼有关。

# 中外"火炉"谁为最

"世界火炉"谁领衔？这无疑要让位于苏丹首都喀土穆了。

因为那里最高气温可达50□，且每月都会出现38□以上的高温，超过49□的酷热天气也是家常便饭。有一位在当地工作的外国雇员，一天午后因急事外出，未戴手套便冒冒失失去拉烈日暴晒下的汽车门，顷刻，手被烫起了许多水泡。

漫步喀土穆街头，常可见到家家户户门窗紧闭，以阻挡热气入侵。如果人们不得已必须外出，为防止皮肤被烈日灼伤，都得全身武装，头缠厚厚的白毛巾或戴上小白帽，穿白长袍，让你看上去个个像"白衣天使"。

# 南极企鹅喊热

据科学家透露，在过去50年里，南极半岛的气温已上升了5华氏度，是全球气温上升幅度的10倍，南极隆冬的平均温度则上升了9华氏度。气温升高的原因可能是正常的气候波动，也可能是温室效应的结果。根据计算机模拟显示，由人类活动造成的全球气温上升在地球两极尤其明显。当地球中纬度地区还未觉察出这种变化以前，南北极就已先知了。在变暖了的南极，新出的小企鹅极易感染的一种致命的家禽病毒，确实在一些帝企鹅和阿德利企鹅的群落中发作过。

南极变暖的结果使南极空气湿度增加，而在南极，这就意味着降雪量增加，那么在雪融化时，冰冷的雪水将会降低企鹅蛋的温度，从而影响孵化。科学家对南极附近5个岛屿上的阿德利企鹅经过长期观察发现，自1975年以来，这些岛上能够繁殖的企鹅已经从1.52万对减为9200对，6个集群已经绝种。

一个较暖的南极还意味着较少的海冰。每年秋天，大约从3月或者4月开始，南极周围海域就开始结冰，从大陆向外冻结，形成大片的浮冰，这就是冰棚。冰棚覆盖的面积有两个美国那么大。这些海冰至少起到两方面的作用。首先，它给磷虾提供了生存的地方。磷虾吃单细胞的浮游植物，企鹅吃磷虾，因而磷虾就成了南极食物链的中枢环节。磷虾减少，也就断了企鹅的生路。其次，冰层底部也是单细胞海藻的栖息场所，没了海冰，也就没了海藻。

自20世纪80年代初以来，南极洲富含磷虾的地区已减少了60%到90%，取而代之的是凝胶状的一种叫樽海鞘的动物，企鹅不吃这种东西。

环境变化的结果使阿德利企鹅的孵化存活率从1987年前后的22%下降到现在的10%，成年阿德利企鹅的数量也减少了35%，从1万只减到5000—6000只。不过专家预计，南极气候的改变还不至于使企鹅绝迹。从已有的资料来看，帝企鹅的数量还没受气温变化的影响。

# "冷"也是财富

冷也是财富，因为冷也是资源和能源，同样可以加以开发利用，使其为人类造福。

美国明尼苏达州的国际瀑布城——这座位于美国和加拿大边界的小镇号称"美国冰箱"，在每天的电视天气预报中播音员都播出"本日最低气温在国际瀑布城"。正是这种极冷的气候条件，给小镇的经济带来了繁荣。

州政府拨款200万美元建立了寒冷气候资源开发利用中心，通用汽车公司和福特汽车公司都前往建立新型车辆试验场，还有西尔斯和罗伯克等公司也建立了汽车电瓶试验场，等等。

此外，经冷冻处理后的高尔夫球被杖击时会飞得更远，尼龙袜子经冷冻处理后耐磨性能大为提高，用冷的产物——雪水饲养家禽家畜会更健康和成长更快，以及产蛋、产奶、长膘和出肉率都大增。

冷作为能源可以低温超导——在极冷的低温和超低温条件下，不少导体的导电电阻消失，可实现无损耗输送电能。还有利用雪水作冷源和利用地热作热源的温差发电站，已在许多国家变成为现实。

我国存在一些寒暑颠倒的宝地，在辽宁省桓仁县沙尖子满族镇内，有一块长为200米、宽为80米的地面，夏季周围气温为30□时，其地下1米深处的温度为—12□；冬季周围气温为—30□时，该地下深1米处的温度为17□。据说在河南省的林县境内，也有一块这样的"宝地"。显然，在这类"宝地"建立温差发电站条件非常优越。还可建立专门"特殊资源"利用研究机构，开发新产品。

# 河、湖、泉、瀑布趣闻

## 世界第一长河

尼罗河发源于东非高原上的卡盖拉河，自南向北，流经布隆迪、坦桑尼亚、卢旺达、刚果、肯尼亚、乌干达、苏丹、埃塞俄比亚、埃及九国，在开罗以下注入地中海。河流全长6670公里，比亚洲第一大河长江还长300多公里，是世界上最长的河流。流域面积有287万平方公里。

尼罗河有个显著特点，就是每年都会定期泛滥。河流泛滥会给两岸造成严重灾害，可是尼罗河的泛滥却对埃及人民有好处，帮助埃及创造了灿烂的古代文明。早在3000年以前，当地人民就在岩石上刻下了这样的赞颂："尼罗河赋予两岸土地以生命，只有尼罗河泛滥以后，才能够有粮食和生命，大家都依靠它生存。"

这究竟是什么原因呢？原来尼罗河流域的大部分地区气候炎热干燥，降雨量很少，它的水源主要来自上游热带草原地区。尼罗河从源头到苏丹的喀土穆这一段，称为"白尼罗河"。白尼罗河在喀土穆和青尼罗河汇合后，才称为尼罗河。每年4月，白尼罗河和青尼罗河便开始涨水。来自东非高原的白尼罗河水中溶有大量有机质，河水呈墨绿色；而来自埃塞俄比亚高原的青尼罗河则携带着大量泥沙和矿物质，呈褐红色。两条河水汇合后，便流入撒哈拉沙漠的干枯河道中，使苏丹和埃及得到灌溉之利。7—10月，埃及河道中洪水暴涨，在两岸和三角洲淤积起大量又松又软的沃土。埃及人民正是利用这个有利条件，发展农业，在沙漠上筑起一条"绿色长廊"，创造了灿烂的古代文明。

埃及的2／3人口集中在尼罗河三角洲。尼罗河两岸和三角洲渠道纵横，排灌设备比较完善，向来是世界上主要的长绒棉产区。20世纪初叶以来，尼罗河上已经建立了不少拦河大坝。1971年在开罗以南965公里处建立的阿斯旺大坝，坝高111米，库容量1640亿立方米，拦起的河水形成了一个世界著名的大水库——纳塞尔湖。

在尼罗河西岸，开罗西郊的沙漠上，矗立着三座被称为"古代奇观"的宏伟的金字塔。其中最高大的一座就是最为著名的胡夫金字塔，即大金字塔。这座金字塔原来的高度达到146.59米，底部232米见方，围绕它走一圈差不多有1公里。它是用230多万块、每块重2.5吨的石块砌成的，距今已有将近5000年的历史了。

# 世界最长的运河

我国的京杭大运河北起北京，南到杭州，纵贯北京、天津二市，流经河北、山东、江苏、浙江四省，沟通海河、黄河、淮河、长江、钱塘江五大水系，全长1794公里，是世界最长的人工河。长度位居世界第三的苏伊士运河，只有它的1／10。

京杭大运河不仅是世界最长的运河，也是开凿最早的运河。春秋战国时期，吴王夫差为了北伐齐国，称霸中原，就在公元前485年起开凿邗沟，从邗城（今扬州）东南到末口（今江苏淮安）。使长江、淮河两大水道得以贯通。这段运河开凿至今已有2500多年历史了。

到了隋朝大业元年（605年），隋炀帝为了从外地调运粮食到京师，并到扬州看"琼花"，以洛阳为中心，征调几百万民工，开挖通济渠，使之南接邗沟。从长安到扬州沿渠修筑御道、离宫。同时还从洛阳附近开凿永济渠，连接卫河通达天津，然后沿永定河通抵蓟（北京附近）。隋朝大业六年（610年）又拓宽浚深江南河。从京口（今江苏镇江）直达余杭（今杭州），两岸宽达十余丈，能通"龙舟"。至此，南北大运河全部开凿完成，成为我国历史上可与万里长城媲美的伟大工程。

隋代开凿完成的大运河是以洛阳为中心，从杭州到北京，向西拐了一个大弯。元朝定都北京后，又裁弯取直，使它从江淮经山东直达南运河，从而缩短航程约八九百公里。这就是如今的大运河的前身。

大运河通航以来，一直是我国漕运和商旅来往的重要通道，在促进国家的统一、经济文化的发展等方面，曾经起过重大的作用。由于大运河没有独立的水系，流经地区的地势高低不一，加之黄河的河床又比它高，河道极易淤塞。1911年津浦铁路通车后，随着运输地位的下降，河道大段大段地被废弃。1949年以后经过分段整治，大部淤塞的河道都已恢复通航。在运河的南端杭州，完成了运河到钱塘江沟通工程，使运河航道延长7公里，运河的船只可以直接进入钱塘江。

# 河流之王

发源于秘鲁的安第斯山区、横贯南美洲北部的亚马孙河，全长6400公里，仅次于尼罗河，是世界第二长河。亚马孙河有1.5万多条支流，河水流经巴西、哥伦比亚、秘鲁、玻利维亚、厄瓜多尔、委内瑞拉、圭亚那等国的全部或部分领土，组成了一张巨大的河网，罩在南美大陆上。它的流域面积达705万平方公里，居全世界第一位，是尼罗河的2.5倍，约占南美洲陆地面积的40%。

亚马孙河流经的地方大都是赤道雨林带，所以流量特别大，居世界之冠。河口年平均流量为12万立方米／秒；到了洪水期，可以达到20万立方米／秒以上。每年从马拉若岛附近排入大西洋的水量达6773立方公里，占世界所有河流注入海洋总水量的18%。在离河口300多公里远的大西洋上，还可以看到浑浊的河水。

亚马孙河还是世界上通航最长的河流。干流自河口至伊基托斯，长3598公里，一路均可通行3000吨级的海轮，自秘鲁的圣佛西斯科至巴西的贝伦，航程长达6187公里。

亚马孙河两岸是一望无际的热带丛林，各种树木交错生长，大大小小的河流成了一条条林中狭道。森林中动植物种类繁多，仅红木、乌木、缘木等贵重林木就有数百种之多。这里人口稀少，农业用地很少。船是人们的住宅和活动场地，商店、学校都设在船上，连集会、婚礼和葬礼也都在船上举行。

# 印度的"圣河"

南亚最大的河流——恒河，在印度教徒的心目中，是一条"圣河"。传说在"圣河"的水里沐浴，可以祛病消灾，延年益寿。每隔12年，他们就要过一次孔勃——梅拉节。这一天，数以万计的印度教徒从各地赶到朱木拿河和恒河的汇合处阿拉哈巴德。他们身披袈裟，裹着黄布，男女老幼一起走入河中沐浴。

恒河干流污染程度十分严重。1980年，甘地和平基金会指出，恒河是印度污染最严重的河流之一，正威胁着各种水生生物和河水饮用者。可是，虔诚的教徒们却不加理睬，仍然生喝恒河水。

在梵文和印地语中，恒河本是河流的意思。它发源于喜马拉雅山的南坡，经印度、孟加拉国，注入孟加拉湾，全长2580公里。恒河平原和恒河三角洲水网密布，土壤肥沃，盛产水稻、小麦、玉米、黄麻、油菜籽、甘蔗等。这里人烟稠密，历来是印度、孟加拉国的主要经济区。恒河哺育着两岸的土地和人民，创造了世界古代史上有名的印度文化，难怪印度人要把它视为"圣河"了。

# 欧洲的黄金水道

莱茵河发源于瑞士境内的阿尔卑斯山北麓，西北流经列支敦士登、奥地利、法国、德国和荷兰，最后在鹿特丹附近注入北海。

莱茵河全长1320公里，全年水量充沛，自瑞士巴塞尔起，通航里程达886公里；两岸的许多支流，通过一系列运河与多瑙河、罗讷河等水系连接，构成了四通八达的水运网。莱茵河所流经的是欧洲的主要工业区，人烟稠密。德国的现代化工业区鲁尔就在它的支流鲁尔河和利珀河之间。在鲁尔河和利珀河之间，通过4条人工开凿的运河和74个河港与莱茵河联成一体，7000吨海轮可由此直达北海。莱茵河的航道就像公路一样，每隔一定距离就有一块里程碑，上面标注着公里数。莱茵河不仅保证了鲁尔工业区的用水，还为鲁尔区提供了重要的运输条件。正是依靠着便利的运输条件，大批铁矿砂和其他矿物原料才能源源不断地从国外运到这里。鲁尔工业区与荷兰内河航运网之间运输十分繁忙，货运量居世界前列。

莱茵河上游瑞士北部与德国交界的地方，有宽达110米的莱茵河瀑布。莱茵河中游从宾根到德国波恩这一段，峡谷幽深曲折，景色十分壮丽，关于莱茵河的许多古老的传说都发生在这里。

# 美丽的国际河流

全世界约有200条国际河流，而流经国家超过10个的只有多瑙河。

多瑙河发源于德国黑林山的东坡，向东依次流经奥地利、斯洛伐克、匈牙利、克罗地亚、塞尔维亚、罗马尼亚、保加利亚和乌克兰这8个国家，最后在乌克兰分成3条支流，流入黑海。多瑙河的干流全长2850公里，流域面积达81.7万平方公里，是欧洲的第二大河（仅次于伏尔加河）。它有支流300多条，其中的一些支流还流经意大利、波兰、瑞士和阿尔巴尼亚4国。多瑙河流域包括了大部分欧洲国家的领土。

多瑙河从源头到奥地利境内的一段是上游。这一段河道狭窄，河床坚硬，水流也较湍急。自斯洛伐克的布拉迪斯拉发出发至罗马尼亚和前南斯拉夫交界处的铁门峡谷是中游。这一段经过的大多是平原和低地，水量较大，是重要的航道。铁门峡谷，长107公里，最窄的地方只有150—200米宽，水下岩石倾斜，河水落差大。1972年罗马尼亚和前南斯拉夫已在这里合建了一座发电能力为210万千瓦的水电站。电站的拦河大坝长1200米，高达75.5米，有25层楼房高。坝顶筑有宽阔的公路，大坝两侧的大船闸可通行1500吨的船舶。

铁门以下，多瑙河进入下游平原。这里河面开阔，水流平稳，3条支流在河口附近形成了一个扇形三角洲。三角洲上河汉纵横，芦苇丛生，栖息着塘鹅和朱鹭等欧洲稀有的鸟类。

多瑙河水色碧青，景色秀丽，被称为"蓝色的多瑙河"，是东南欧重要的交通大动脉。奥地利的首都维也纳，匈牙利首都布达佩斯，塞尔维亚首都贝尔格莱德，斯洛伐克的首都布拉迪斯拉发都建立在多瑙河畔。

# "流"向天空的河

"人往高处走，水往低处流"，但是，世界上却有一条河，既不流入湖海，也不流入地下，而是往天空"流"。那就是南非的瓯柯悬高河，这条天下无双的怪河，位于南非中部高地，它的上游、中游水质澄清，流量甚大，然而到了下游，水的流量逐渐减少，到最后消失得无影无踪。那么，整条河的河水到哪里去了？地质学家为了揭开这个谜，对瓯柯悬高河下游的河床地质进行了调查分析，终于找到了惊人的答案：整条河的河水全"流"到天上去了。

原来，南非中部高地属热带草原气候，干燥酷热，植被少，蒸发量大，加之此河的下游地区地势平坦，河床变宽，河水变浅，流速也大为放慢，使得蒸发量越往下游越大，当流量和蒸发量相等时，河水便全部变成水蒸气，升入天空。

# 中国第一大河

长江古称"大江"或"江"，向以源远流长闻名世界。它发源于青藏高原唐古拉山主峰各拉丹东雪山的沱沱河。

长江自沱沱河发源后，浩瀚的江水从巍峨的雪山中奔腾而出，浩浩荡荡，曲折东流。从沱沱河与另一条河流当曲汇合后到青海省玉树，称通天河。玉树以下到四川宜宾为金沙江。金沙江流经横断山区，有许多峻险的峡谷地段，两侧雪山、峭壁耸立的"虎跳峡"便是其中之一。金沙江在宜宾与岷江汇合后始称长江。宜宾以下，在四川白帝城和湖北宜昌之间，长江横切巨大的山岭，形成了壮丽的长江三峡。宜昌以上为长江上游。

长江的江水自宜昌奔出了山地，开始进入中游平原地区。在中游，长江接纳了鄱阳湖、洞庭湖两大水系，河道迂回曲折，湖泊密布，水量继续增加。为了防止泛滥，筑有荆江分洪水利枢纽。自江西湖口以下，江水便流入下游河道了。长江下游江阔水深，水网密布。它在江苏江阴以下形成了三角洲，最后从上海市流入东海。

长江长达 6300 公里，仅次于非洲的尼罗河和南美洲的亚马孙河，居世界第三位，是中国的第一大河。流域的总面积有 180 多万平方公里，约占全国总面积的 1 / 5。

长江流域大部分属亚热带地区，雨量充沛。长江干支流的流量极大，平均每年通过江口入海的水量达 1 万亿立方米，相当于黄河的 20 倍。长江从源头到入海口总落差高达 5100 米。干支流蕴藏着 2.6 亿千瓦的水力资源，约占全国的 40%。中华人民共和国成立后，除了在干流上游兴建了葛洲坝水利枢纽工程，还在四川大渡河上的龚嘴、湖北汉江上的丹江口建成了许多大中型水电站。1995 年建设三峡工程。成千上万的小型水电站，更像无数颗明珠，点缀在我国的广大国土上。

长江江阔水深，是我国南方的交通大动脉，素有"黄金水道"之称。现在长江的干支流的通航里程已达 9.6 万公里，可绕地球两圈半，年货运量约占全国河流总运输量的 70%。万吨巨轮船可开到武汉，3000 吨级的可直达重庆。

长江流域拥有 4 亿亩肥沃的耕地和上海、南京、武汉等重要的工商业城市。这里矿产资源丰富，工农业发达。我国有 3 亿多人口生活在它的怀抱中。世界上没有哪一条江河能哺育如此众多的人口！

# 古长江比今长江更长

根据精密的水深测量，我国科学家发现，和今天的长江相比，4万年前的古长江明显要长。

科学家在研究中发现了沉入黄海海底的古长江河床。河床虽然长年受到泥沙的掩埋，但其形态依稀可见。由此判断，古长江在流经大别山和黄山之后，进入丘陵平原地区，继而古长江从南京出发东进的过程中，不是向偏南方向而是向偏北方向流动，从苏北进入黄海海盆，最后注入冲绳海槽。古长江和古黄河一样，是流入黄海的。估计古长江长约7000千米，比今天的长江长500多千米。值得一提的是，古长江的下游河段远比今日长江雄伟壮阔。

进一步的研究发现，长江的变迁和气候与海平面关系密切。距今7万年时，冰期开始，黄海海面下降，海水后退，古长江"乘虚而入"，最后直抵冲绳海槽。距今4万年时，气候变暖，海水上涨，古长江"退避三舍"，在今日长江下游平原直接进入东海，1000千米的古长江河床也因此"长眠"海底。

# 中国第二大河

我国的黄河是国内第二大河，全长 5464 公里，流域面积 75 万多平方公里。黄河是中华民族的摇篮，从无数考古中发现和证明了从遥远的古代起，我们中华民族的祖先已经在黄河流域从事生产和生活了。

黄河发源于青海巴颜喀拉山西段北麓卡日曲河的涌泉。流经青海、四川、甘肃、宁夏、内蒙古、陕西、山西、河南、山东九省区，最后注入渤海。自源头到内蒙古自治区的河口是黄河的上游。开始一段河水清澈透明，两岸水草丰美。流到青海高原东部，沿途穿过龙羊峡、刘家峡等不少峡谷。峡谷中水流湍急，水力资源极为丰富，那里已建立好几个大水电站。黄河出青铜峡，进入宁夏平原和河套平原。

自河口至河南省孟津是黄河的中游。在中游段，黄河流经黄土高原，又有汾河、渭河等支流汇入，水量增大，含沙量剧增，河水变得十分浑浊，是名副其实的"黄河"了。

自孟津至入海口是黄河的下游，就是华北平原。这里河道宽阔，水流缓慢，携带的沙大量沉积下来，使河床不断抬高。为了防止河水泛滥，河堤也不得不一再加高，自郑州黄河花园口一段起，河床平均比两岸地面高 4—5 米，有的地方甚至高达 10 米，成了世界闻名的"地上悬河"。所以一旦河堤缺口,黄河改道,常常造成灾害。

黄河不但以"地上悬河"闻名世界,而且还以输沙量最大闻名,素有"一碗水,半碗泥"的说法。最大年输沙量可达43.9亿吨,平均年输沙量也有16亿吨。近百年来,黄河在河口堆积成了一个面积为5400平方公里的三角洲。如果不是渤海不断下沉,黄河的泥沙早就把7.7万平方公里的渤海填平了。

# 长江与黄河哪个年龄大

长江与黄河,一南一北,发源于同一高原,恰似一对"同胞兄弟"。据考证,长江年龄约为6000万年,为兄。黄河的年龄距今约55万—60万年,为弟。

河流年龄大小是地质学家根据对沉积在古老河床的巨砾石、砂、黏土等"古沉积物"的科学处理来测定的。河流在开始形成时,河床底部的组成物质不外是硬石、砂子、黏土等等。这些物质后来被河流上游冲下来的泥沙逐渐淹埋,沉积在河床的底部。如果我们把它挖出来,这些物质便成了这条河流的典型化石。根据这些化石,就可确定该河流是在什么年代形成的。我国地质学家从长江古河床底部挖出来的冲积物中,含有螺化石,这是第三纪的沉积物,从而推算出了长江年龄距今约有6000万年,比黄河"老"多了。

# 冰层下的湖

南极，一个神奇的地方，自古不化的冰原，巍峨壮丽的冰山，形成了地球上最大的冰库。可谁能想到，在坚固厚实的南极冰原底下，竟然又冒出一个碧波万顷的神秘东方湖。

东方湖位于东方站附近。东方站是苏联于1957年所建。这里是冰盖研究的理想中心领域，冰川学家已在这里打钻到2700米深度，获取了大量有用的数据。认为东方站冰盖3800米深处隐藏着一个面积为1000平方公里的湖泊。它长250公里，宽40公里，呈椭圆形。湖上冰盖表面海拔3500米，湖水表面在海平面以下300米、湖水深度为400米。这是一个多么奇特、神秘的冰下之湖，而沿着湖的西侧，冰盖下面还有一个山脉，山脉东侧是深深的山谷，山谷里充满了湖水。东方湖的面积是贝加尔湖的1／3，是地球上极大的地下水资源。

东方湖的形成究竟是压力消融，还是地热融化，是两者同时作用，还是有先有后有主有次，或者是其他什么原因，这都是一个谜，有待于深入研究突破。

# 火湖和熔岩湖

在拉丁美洲巴哈马联邦的大巴哈马岛上，有一个奇妙的"火湖"。夜间若泛舟湖上，船桨就会激起万点"火花"。

奇异的"火湖"为什么会发出灿烂的火光，却又不会灼伤游水者和鱼群？原来，这是生物发出的一种冷光。火湖位于靠近北回归线的温、热带交界处，气候温暖，湖水又与海水沟通，因此繁殖了大量的海洋发光生物——甲藻。甲藻是一种只有几微米大小的单细胞微生物，体内含有较多的荧光酵素，当其在水中受到扰动刺激时，就会发光。

巴哈马的"火湖"，只是一种比喻。世界上还有真正的火湖，这就是火山岩浆形成的熔岩湖。

最著名的熔岩湖，位于太平洋上夏威夷岛的基拉韦厄火山。基拉韦厄火山是夏威夷三个活火山中最小的一个，海拔约1300米，火山口直径约有5公里，深约1000多米，就像一口大锅。在这大锅里有三个呈串珠状排列的杯形洼地，里面经常翻滚着炽热的岩浆，于是就形成熔岩湖。湖里的岩浆时而涌起，时而下降，深度经常发生变化。每当火山活动强烈时，便有大量的岩浆像喷泉似的喷上天空。有时岩浆还从湖口外溢，流向四方，形成熔岩河、熔岩瀑布等奇景。1952年以来，这里每年至少有一次岩浆外溢现象。来自地底的源源不断的岩浆，是使这个熔岩湖长期保持炽热状态的原因。如果在夜晚登上基拉韦厄山顶，俯视下面的熔岩湖，就会看见整个湖面就像一个发光的"网"，上面点缀着辉煌的灯火，随着"网"的起伏晃动，火花此起彼落，令人目眩。这是因为虽然熔岩的表面冷却后结了一层硬壳，但壳下的岩浆却又不断沿着一些裂缝涌出，并发出了火光。据测定，熔岩湖中的岩浆温度约达1000—1200度。

# "一片汪洋"的湖泊

乍得湖是非洲第四大湖。它虽叫乍得湖，但属于乍得、尼日利亚、尼日尔和喀麦隆4个国家，是世界上分属国家较多的内陆湖。乍得湖的面积变化很大。旱季时，只有1.1万平方公里；到了雨季，却扩大到2.2万平方公里。它是非洲最大的内陆湖，站在湖边往湖面远处望去，只见一片汪洋。"乍得"在当地语言中就是"一片汪洋"的意思。一万年前，乍得湖是一个约近40万平方公里面积的内海，有里海那么大。

乍得湖的面积虽然很大，但却很浅，只有4—7米深。

# 时隐时现的湖

　　位于澳大利亚中部的埃尔湖，是个很有趣的湖泊。它时而出现，时而消失，踪迹难觅。1832年，一支勘探队来到这里考察，发现一个小盆地，上面覆盖着一层盐。到了1860年，又一支勘探队来到这里，却在这里发现了一个碧波荡漾的咸水湖，第二年，这支勘探队再次来到这里，准备测量这个湖的面积，可是湖却不见了，水波荡漾的地方又成了一个小盆地。

　　原来，这个湖不是常年湖，而是一个时令湖。每隔三年左右，它就要"失踪"一次。

　　那么，湖水哪里去了呢？它在和人们"捉迷藏"吗？原来，埃尔湖的湖水主要来自河水和雨水。当降雨量较大时，湖的面积可达8200平方公里；而降雨量较小时，湖水被大量蒸发，湖就干涸见底了。因此它在地理学辞典中的面积是"0—8200平方公里"，没有一个固定的数字。

　　为了改变澳大利亚中部的干燥气候，科学家正在努力缚住这个湖。他们提出要开凿一条运河把附近的海湾和埃尔湖联系起来。这样，海水就会自动流向埃尔湖（埃尔湖低于海平面12米），它就不会再干涸了。

# 中国最大的咸水湖

　　青海湖古称"鲜水""西海"，是个由地层断裂陷落后形成的咸水湖。它长105公里，宽63公里，最深处达38米，面积为4427平方公里，比4个死海的面积还要大。它是中国最大的湖泊，比中国最大的淡水湖——鄱阳湖还要大450多平方公里。

　　青海湖位于青海省东北部。它像一面银光闪闪的大镜子，高悬在海拔3197米的山上，周围有大通山、日月山和青海南山三山环抱，布哈河自西北注入湖中。

　　青海湖水天一色，波光潋滟，流云雁影倒映湖中，十分迷人。汉族人民给它取名"青海湖"，既说明了湖水的颜色，也反映了它的面积之大。蒙古族人民给它取名"库库诺尔"（"库克诺尔"的变音），藏族人民称它为"错温布"，都是青色的湖的意思。青海省也由湖得名。

　　青海湖中有4个小岛。最大的一个叫海心岛，岛上有流泉、草地，还有座喇嘛庙，喇嘛们在深冬季节带足生活用品从坚冰封冻的湖上走入岛中，在那里度过三四个月的疏软冰封期，因为这段时间既不能行船，又不能履冰而行。

　　青海湖中还有一个远近闻名的鸟岛。这里水草丰美，吸引了大批候鸟来此栖息。这些鸟儿不远万里，从印度次大陆、马来亚半岛出发，越过高高的喜马拉雅山脉及横断山脉，来到这里生儿育女。

离鸟岛不远处还有一个蛋岛。蛋岛的面积更小，只有110平方米，上面分散地摊放着一个个鸟蛋。

又咸又苦、冰期又长的青海湖，居然还是西北地区的水产基地。这里出产的一种湟鱼，遍体无鳞，又称裸鲤。它肉质细嫩，最大的可长到10多公斤，年产量约有4000吨。

青海湖的水源不足，蒸发量又大，湖泊的水位已比原来下降了100多米，面积小了1／3以上，而且还在不断缩小中。

# 中国最大的盐湖

中科院盐湖研究所的有关专家日前说，位于柴达木盆地的察尔汗盐湖是我国第一大盐湖的传统认识将会发生改变，经过他们实地勘查确认，面积近7000平方公里的罗布泊盐湖才是我国最大的盐湖。

据介绍，罗布泊盐湖是由不同的三块地区组成的一个大盐湖。由北到南分别是罗北凹地、耳轮区和罗布泊新湖地区。石盐盐壳则主要分布在罗北凹地和耳轮区，总面积近7000平方公里，已远远超过了察尔汗盐湖的5856平方公里。

总储量达26亿多吨，已测得盐湖中的钾含量达10克／升，这与目前正在大规模开发的察尔汗盐湖中的钾含量浓度相当。

# "天上"的湖

纳木湖位于中国的青藏高原，面积1940平方公里，仅次于青海湖，是中国第二大咸水湖。纳木湖处在海拔4718米的高原上，因此它是世界上最高的咸水湖。它比世界上最高的淡水湖——南美的的的喀喀湖还要高900多米。当地藏族人民称它为"纳木错"，蒙古族人民叫它"腾格里海"，意思是"天湖""天海"。世界上有的湖虽比纳木湖还要高，但面积很小。

纳木湖在拉萨市的北面，由周围高山的雪水汇集而居。湖边牧草丰美，全年都可以放牧。湖水清澈见底，盛产肥美的细鳞鱼、无鳞鱼。

# 缅甸五音泉

缅甸西部的缅阴山中有五道涧泉，直通到山下的游览景点，被称作"五音泉"。

如果站在"五音泉"底下，附近150米距离内都可听到泉水流下发出五种不同的声音。这种声音犹如乐师演奏的动听乐声。五道洞泉流下的声音都不一样，非常奇妙。

那么，"五音泉"怎么会构成音乐声呢？原来，这"五音泉"流下的五道洞泉，都是从山岩的暗道中流溢，由于这种山岩的岩石犹如镂空了的管道，而且凸凹斜整不一，使流泉一路受到阻挡，于是流下的泉水打在阻碍的岩石内壁上，因为轻重快慢不同，声音也就有脆闷爽沉，抑扬顿挫的不同。"五音泉"的五处流泉，因为石岩的内部结构不一样，使"五音泉"发出的声音也就不同。有的粗犷，有的细嫩，有的沉闷，有的清脆，仿佛"五音泉"就是五副不同的乐器。

# 奇特六味泉

在内蒙古赤峰市巴林右旗境内的大兴安岭西南端的山脚下，有一处罕露矿泉。泉池方圆15平方米，有六个泉眼喷珠吐玉，分别流涌出苦、辣、酸、甜、涩、咸六种不同味道的泉水，被称为"六味神泉"。经国家和自治区两级的专家技术评审鉴定，认定它是含锂、锶、偏硅酸复合型的特种优质矿泉水。

# 形成彩虹的瀑布

世界上最壮观的瀑布当首推莫西奥图尼亚瀑布。它位于赞比亚和津巴布韦两国之间的赞比西河上。赞比西河下游是一系列曲折深邃的峡谷，就在这峡谷的尽头，一道宽阔高大的峭壁把赞比西河拦腰斩断，河水顺着崖壁跌落而下，形成了落差108米、宽度达1800米的举世闻名的大瀑布。

站在瀑布对面的山崖上，可以清晰地观赏到一幅极其壮丽的景色：滔滔河水咆哮着坠入深渊，犹如在茫茫的九霄高挂起一片巨大的水幕。奔腾直泻的洪流猛烈冲击谷底，激起迷蒙的水雾，被风吹扬到几百米的高空，汇成巨大白色柱状烟云，远在数公里以外就能看到它在浮动，水涛声如雷霆滚过山谷，方圆几十里都能听见。"莫西奥图尼亚"意思就是：声若雷鸣的雨雾。

# 分成支流的瀑布

南美洲堪称大瀑布的故乡，伊瓜苏瀑布被称为"南美第一奇观！"

伊瓜苏河是南美第二大河巴拉那河的一条支流。根据当地印第安人的语言，伊瓜苏即为"洪水"之意。当伊瓜苏河距河口只有23公里时，它突然从巴拉那高原的峭壁上一跃而下，形成又一个举世闻名的瀑布奇观。伊瓜苏瀑布的外形是一个巨大的半圆，总宽度达4000米，约4倍于尼亚加拉瀑布。由于所流经的峭壁上分布着许多石岛岩礁，整个瀑布被分隔成275个大小不等的瀑布，它们的落差都在60—82米之间。瀑布上方有一个格兰特岛，它把伊瓜苏河一分为二，两股滚滚洪流随即在下层的坚硬岩床上重新相汇，然后翻腾呼啸着坠入一道狭窄的深渊，深渊内激液翻腾，吼声震天，于是得了一个"魔鬼咽喉"的名字。由于波浪相互撞击，在深渊的上空腾起一片水雾，最高时能升到160米的空中，当阳光照射时，水雾四周映现出一条条缤纷夺目的彩虹。

伊瓜苏瀑布也有消失的时候，但奇怪的是并非缺水断流，而恰恰是洪水太大时。1905年，巴拉那河发生了旷古罕见的大水，水位猛涨了40多米，致使伊瓜苏河水无法注入而不得不向外漫流，河道两侧顿时成为一片汪洋，伊瓜苏瀑布就这样消失在茫茫的大水之中。

# 不断后退的瀑布

号称"天下奇景"的尼亚加拉瀑布位于美国和加拿大之间的尼亚加拉河上。尼亚加拉瀑布以其令人神往的壮丽景色和得天独厚的优越地理位置吸引着众多游人。

尼亚加拉瀑布的外形十分独特。它的中间有一个小石岛，由于岛的存在，瀑布被分成两部分：东边在美国境内，叫作阿美利加瀑布，宽305米，落差51米；西边在加拿大内，宽793米，落差49米，因呈弧形，故称马蹄瀑布。整个尼亚加拉河的河水，流经马蹄瀑布的占95%，流经阿美加瀑布的只占5%。尼亚加拉的落差和宽度都不算突出，但它的优点却是水量大而稳定的。据计算，全年流过的水量平均每秒钟高达6740立方米，要超过莫西奥尼亚瀑布的4.5倍，这么多的河水从50米的空中直泻而下，真有万马奔腾、排山倒海之势。尤其是马蹄瀑布的顶部，河水从三面奔来，陡然坠落深渊，飞扬起一片白色的水雾，同时发出巨雷般的轰响。古代印第安人，对这惊心动魄的景象极为崇敬，就给瀑布取名"尼亚加拉"，意思是"雷神之水"。

瀑布的跌落处，由于水流的冲击，形成了一个巨大的深潭，其最大深度达55米，被人称为"旋涡池"。

尼亚加拉瀑布的水量不仅特大，而且特别稳定。但历史上却发生过这样的事情：1848年3月31日，尼亚加拉瀑布突然消失了。马蹄瀑布也只剩下几条涓涓细流。人们跑上断水的河床，急于了解个究竟。原来是上游河道被浮冰阻塞，出现了一条巨大的冰坝，河水被拦腰截断。这种现象持续了一天，当天傍晚，由于阳光的热量和上游来水的压力，冰坝开始破裂。第二天早晨，河水依旧狂泻而下，瀑布的气势似乎比原先更为雄伟。

　　像这类水量十分充足的瀑布断流的现象在历史上是罕见的，比较常见的是瀑布崖壁的崩坍，单是大规模的崩坍每隔几年或十几年就发生一次，在尼亚加拉瀑布问世的一万多年期间，它已后退了12公里。有人估计，如果再后退八九公里，尼亚加拉瀑布就要寿终正寝了。

# 海洋、海湾、海峡、海岛趣闻

## 最大最深的海

在全世界的大海中,面积超过200万平方公里的有8个,超过300万平方公里的只有3个,400万平方公里以上的只有珊瑚海一个。珊瑚海的总面积达到479.1万平方公里。

珊瑚海是南太平洋的属海。它的西边是澳大利亚大陆,南连塔斯曼海,东北面被新赫布里底群岛、所罗门群岛、新几内亚(伊里安岛)所包围。珊瑚海的海底地形大致由西向东倾斜,大部分地方水深3000—4000米,最深处有9174米,也是世界上最深的海。

珊瑚海地处热带,全年水温都在20□以上,最热的月份超过28□。它的周围几乎没有河流流入,海水清澈透明,人们可以清晰地看到20米以下的物体,水下光线充足。海水的盐度在27‰—38‰之间。这些条件都非常适合珊瑚虫的生长,细小的珊瑚虫便在大陆架和浅滩上繁殖生长,发育成为众多的珊瑚礁。这些珊瑚礁一般只是略略露出水面，色彩斑驳地点缀在澄清的碧水中，呈现出一派绮丽的热带风光。

珊瑚海中有着世界最大的珊瑚礁——大堡礁。礁石周围的海水中，飘动着各种各样色彩鲜艳的生物，同珊瑚的色彩相映衬，构成了一个光怪陆离的童话世界。

珊瑚海中还生活着成群的鲨鱼。因此有的人又称它为"鲨鱼海"。

# 最小的海

马尔马拉海东西长270公里，南北宽约70公里，面积为11000平方公里，只相当于我国的4.5个太湖那么大，是世界上最小的海。

马尔马拉海位于亚洲小亚细亚半岛和欧洲的马尔干半岛之间，是欧亚大陆之间断层下陷而形成的内海。海岸陡峭，平均深度183米，最深处达1355米。原先的一些山峰露出水面变成了岛屿。岛上盛产大理石，希腊语"马尔马拉"就是大理石的意思。海中最大的马尔马拉岛，也是用大理石为命名的。

马尔马拉海东北端经博斯普鲁斯海峡通黑海，西南经达达尼尔海峡通地中海和大西洋，是欧、亚两洲的天然分界线，地理位置十分重要。

# 最浅的海

世界最深的海是南太平洋的珊瑚海，最深处达到9174米；平均深度最大海是南极洲附近斯科舍海，它的平均深度3400米；而亚速海却是世界最浅的海。

亚速海位于俄罗斯和乌克兰之间，平均深度只有8米，最深处也只有14米。亚速海的面积也很小，只有3.8万平方公里。

亚速海的南边是面积比它大11倍的黑海。通过刻赤海峡，这两个邻居可以彼此来往，亚速海很像黑海的一个港湾。

亚速海的海水含盐量（9‰—11‰）比黑海低得多，鱼产量大大超过黑海，海中出产鲱、鲈、鲲、鳊等鱼类，是当地重要鱼产区。

# 最咸的海

即使不会游泳的人，在红海里也可以躺在水面上不会沉下去。这是为什么呢？原来，红海的含盐度高达41‰—42‰，深海海底个别地方甚至在270‰以上，这几乎达到饱和溶液的浓度，是海水平均含盐度（35‰）的8倍左右，居世界之首。

红海含盐量高的主要原因，是这里地处热带、亚热带，气温高，海水蒸发量大，而且降水较少，年平均降水量还不到200毫米。红海两岸没有大河流入。在通往大洋的大路上，有石林岛及水下岩岭，大洋里稍淡的海水难以进来，红海中较咸的海水也难以流出去。科学家还在海底深处发现了好几处大面积的"热洞"。大量岩浆沿着地壳的裂隙涌到海底，岩浆加热了周围的岩石和海水，出现了深层海水的水温比表层还高的奇特现象。热气腾腾的深层海水泛到海面，加速了蒸发，使盐的浓度愈来愈高。因此，红海的水就比其他地方的海水咸多了。

由于红海中繁殖着大量红色的海藻，因此那里的海水看起来是红棕色的，红海便因此而得名。

红海长约2000公里，最宽处306公里，面积45万平方公里。它像一条长长的蜗牛，从西北到东南，横卧在亚洲的阿拉伯半岛和非洲大陆之间。北端的苏伊士湾和亚喀巴湾好似蜗牛头上的两条触角，中间夹着西奈半岛，由苏伊士湾通过苏伊士运河与地中海相通。南端经曼德海峡同亚丁湾和阿拉伯海相连。千百年来，红海是一条活跃的商业通道。1869年苏伊士运河通航后，这里更成了大西洋、地中海与印度洋之间交通要道。

# 最淡的海

海水又咸又涩，不能饮用，可是，从波罗的海中舀起来的水，几乎尝不到咸味。

波罗的海就在欧洲大陆与斯堪的那维亚半岛之间，从北纬54°起向东北延伸到北极圈附近。长1600多公里，平均宽度190公里，面积42万平方公里，相当于我国渤海的5倍。

波罗的海的海水含盐度只有7‰—8‰，大大低于全世界海水的平均含盐度（35‰），各个海湾的盐度更低，只有2‰左右。这是因为它形成的时间还不长，这里在冰河时期结束时还是一片被冰水淹没的汪洋。后来大水向北极退去，最低洼的谷地形成了大海，水质本来就比较好。除此以外，还因为它处于高纬度地区，气温低，海水蒸发量很小。这里又受西风带影响，雨水较多。四周和许多大小河道相连，大量淡水源源不断地流入海中。大西洋和波罗的海的通道又浅又窄，盐度高的海水不易进来。因此，这里的海水就很淡了。

波罗的海的海岸线十分曲折，海中岛屿林立，有波的尼亚湾、芬兰湾、里加湾等著名海湾。它的周围，分布着挪威、丹麦、瑞典、芬兰、俄罗斯、波兰、德国、爱沙尼亚、拉脱维亚、立陶宛等国家。俄罗斯的圣彼得堡、瑞典的首都斯德哥尔摩、芬兰的首都赫尔辛基等，都是波罗的海沿岸的名城。

波罗的海的平均深度只有86米，又淡又浅的海水容易结冰。北部和东部海域每年通常有一段不利于航运的冰封期。鲱鱼、鳕鱼、鲽鱼是这里的特产。

# 没有海岸的海

世界上的海大多是大洋的边缘部分，都与大陆或其他陆地毗连。然而，北大西洋中部的马尾藻海却是一个"洋中之海"，它的西边与北美大陆隔着宽阔的海域，其他三面都是广阔的海面。所以它是世界上唯一没有海岸的海，因此也没有明确的海区划分界线。马尾藻海的位置大致介于北纬20°—35°、西经30°—75°之间，面积约有几百万平方公里。由墨西哥暖流、北赤道暖流和加那利寒流围绕而成。

在马尾藻海的海面上，布满了绿色的无根水草——马尾藻，仿佛是一派草原风光。在海风和洋流的带动下，漂浮着的马尾藻犹如一条巨大的橄榄色地毯，一直向远处伸展。除此之外，这里还是一个终年无风区。在蒸汽机发明以前，船只只得凭风而行。那个时候如果有船只贸然闯入这片海区，就会因缺乏航行动力而被活活困死，所以一向被看作是一个可怕的"魔海"。1492年8月3日早晨，意大利航海家哥伦布率领的一支船队，就在那里被马尾藻包围了。他们在马尾藻海上航行了整整三个星期，才摆脱了危险。

　　马尾藻海远离江河河口，浮游生物很少，海水碧青湛蓝，透明度深达66.5米，个别海区可达72米。因此，马尾藻海又是世界上海水透明度最高的海。

　　马尾藻海中生活着许多独特的鱼类，如飞鱼、刺鲀、旗鱼、马林鱼、马尾藻鱼等。它们大多以海藻为宿主，善于伪装、变色，打扮得同海藻相似。最奇特的要算马尾藻鱼了，它的色泽同马尾藻一样，眼睛也能变色。遇到"敌人"，能吞下大量海水，把身躯鼓得大大的，使"敌人"不敢轻易碰它。

# 死气沉沉的海

　　在欧洲东南部的巴尔干半岛和西亚的小亚细亚半岛之间，有一个面积约为42万平方公里的内海，这就是黑海。乘船在黑海上航行，见到的都是黝黑的崖岸，青褐色的海水，海区内显得毫无生气。

　　黑海东西长1180公里，南北最窄处263公里。东南岸绵亘着巨大的山脉，西北岸地势低洼，基本上是一个封闭的水体。它的东端经刻赤海峡通亚速海；西南面通过博斯普鲁斯海峡、马尔马拉海、达达尼尔海峡可进入地中海。

　　黑海的含盐度虽然较低，平均含盐度小于22‰，但在有些水深155—310米的海域里生物几乎绝迹，鱼儿不敢游到那里去，简直成了一片片"死区"。是什么原因使黑海变成了一个死气沉沉的大海呢?

科学家们通过抽样调查,发现那里的海洋生物难以生存,是因为海水受到硫化氢的污染而缺乏氧气。而黑海在和地中海对流中,把自己的较淡的海水通过表层输给了"邻居",换得的却是从深层流入的又咸又重的水流。加上黑海海水的流速慢,上下层对流差,长年被污染的海域自然要成为"死区"了。

黑海沿岸分布着乌克兰的敖德萨、保加利亚的布尔戈斯、罗马尼亚的康斯坦察和土耳其的伊斯坦布尔等重要港口。这里夏季凉爽,秋季温暖,冬短春长,四季宜人。沿岸的克里米亚等都是著名的旅游、疗养胜地。

# 多岛之海

爱琴海是地中海的一部分。它位于希腊半岛和小亚细亚半岛之间,南北长610公里,东西宽300公里,面积21.4万平方公里,比波斯湾还要小些。

爱琴海的海岸线非常曲折,港湾众多,岛屿星罗棋布。相邻岛屿之间的距离很短,站在一个岛上,可以把对面的海岛看得清清楚楚。它所拥有的岛屿数量之多,全世界没有哪个海能比得上的。所以爱琴海又有"多岛海"之称。

爱琴海的岛屿大部分属于西岸的希腊，小部分属于东岸的土耳其。海中最大的一个岛名叫克里特岛，面积8000多平方公里，东西狭长，是爱琴海南部的屏障。

克里特岛是古代爱琴文化发源地。约在公元前3000年，克里特岛上的居民已经进入青铜器时代。约在公元前2600—公元前1125年的米诺斯王朝时代，岛上文化空前繁荣，建造了规模宏大的宫殿，制造出许多精美的工艺品。20世纪初，在岛北滨海平原上的伊拉克利翁发掘出一座当时建筑的王宫。这座王宫中央是一个长方形的庭院，国王宫殿、王后寝宫分布在庭院四周。各建筑物之间用长廊、门厅、复道、阶梯相连，千门百户，真如古希腊神话中的迷宫一般。正因为当时爱琴一带是商业活动的中心，人们习惯地把爱琴海以东的地方叫作"亚什"，爱琴海以西的地方叫作"欧列伯"。"亚什"是"日出之地"的意思，即东方；"欧列伯"是"日没之地"的意思，即西方。亚细亚洲和欧罗巴洲的名称，就是由此转化而来。

# 三大洲之间的海

地中海位于南欧、北非、西南亚之间，是世界最大的陆间海。它东西长约4000公里，南北平均宽度为长度的1/5，西端最窄处只有13.5公里，它的平均深度为1500米，总面积250.5万平方公里，约相当于欧洲面积的1/4，是世界第六大海。以半岛和海中的岛屿为界，它还可划分为利古里亚海、第勒尼安海、亚得里亚海、伊奥尼亚海、爱琴海等7个"子"海。

地中海原来有两条出路：一条在东北部，经达达尼尔海峡、马尔马拉海、博斯普鲁斯海峡，通向黑海；一条在西端，沿直布罗陀海峡直达大西洋。沿岸港湾众多，有直布罗陀（英属），马赛（法国），那不勒斯、威尼斯（意大利），雅典（希腊），都拉斯（阿尔巴尼亚）以及埃及的塞得港等重要港口。自古以来。这里就是沿岸各国互相往来或对外贸易的重要通道，埃及、希腊、罗马的古代文明就是由此传至世界各地的。自从地中海东南部的苏伊士运河开通后，更使地中海多了一条出路，成了沟通大西洋和印度洋的交通要道。船只来往不绝，运输十分繁忙。

地中海北岸有着高大的阿尔卑斯山脉、南岸是广阔无垠的撒哈拉大沙漠，南北两岸只有尼罗河和波河这两条大河有淡水注入。而地中海地区的夏季，又是十分炎热干燥，海水蒸发量很大。据计算，一年中光是蒸发掉的海水就可使整个海平面降低1.5米。这样，地中海的海水就会一天天干枯下去。可是事实却并非如此。这是什么原因呢？原来，达达尼尔海峡、博斯普鲁斯海峡和直布罗陀海峡既是航行通道，又是排灌渠道。黑海和大西洋中含盐度较低的海水，可以分别通过海峡的表层，源源流入地中海，而地中海中的较咸、较重的海水，又从海峡深层分别排入黑海和大西洋，彼此来去通畅，互不混淆。这样，地中海的海水就不致一天天少下去，也不致愈来愈咸了。

地中海的海水的含盐度虽然并不低，但磷酸盐、硝酸盐的含量比较低，对渔业生产不利，当地只出产金枪鱼、沙丁鱼等少数几种鱼类。而且由于工业污染，产量还在下降。

# 最大的内海

在北大西洋，有一个以印第安人部族命名的大海，叫作"加勒比海"，意思是"勇敢者"或"堂堂正正的人"。

加勒比海的四周几乎被中南美洲大陆和大、小安的列斯群岛所包围，西北通过尤卡坦海峡与墨西哥湾相接。它东西长约2800公里，南北最宽处约1400公里，面积约为264万平方公里，是世界上最大的内海。有人曾把它和墨西哥湾并称为"美洲地中海"。

加勒比海也是沿岸国最多的大海。在全世界50多个海中，沿岸国数量达两位数的只有地中海和加勒比海两个。地中海有17个沿岸国，而加勒比海却有20个，包括中美洲的危地马拉、洪都拉斯、尼加拉瓜、哥斯达黎加、巴拿马，南美的哥伦比亚和委内瑞拉，大安的列斯群岛的古巴、海地、多米尼加共和国以及小安列斯群岛上的安提瓜和巴布达、多米尼加联邦、特立尼达和多巴哥等。

加勒比海平均水深2490米，是南北美洲的航行要道。1914年巴拿马运河凿通后，这里更处于大西洋和太平洋航道的要冲。

加勒比海的海水盐度适中，海洋生物丰富。盛产金枪鱼、沙丁鱼等鱼类，是拉丁美洲的三大渔场之一。海底还蕴藏着大量石油和天然气。

# 中国最大的外海

南海又叫南中国海，是中国最大的外海。

南海的面积约为350万平方公里，约等于渤海、黄海和东海总面积的3倍，仅次于南太平洋的珊瑚海和印度洋的阿拉伯海，居世界第三位。南海平均深度是1212米，但最深处却有5567米。如果把4座南岳衡山叠起来放到南海里，最上面的山头离水面还有近700米的距离。

南海是我国南部的近海，它的南部是加里曼丹岛和苏门答腊岛，西面是中南半岛，东面是菲律宾群岛。整个南海几乎被大陆、半岛和岛屿所包围。南海东北部经台湾海峡和东海与太平洋相通，南部经马六甲海峡与爪哇海、安达曼海、印度洋相通，东部经巴士海峡通苏禄海。

南海地处热带，海中分布着许许多多的珊瑚礁和珊瑚岛，它们像一颗颗明珠镶嵌在湛蓝的海面上。这些岛礁总称南海诸岛。东沙群岛有着丰富的水产，如海龟、墨鱼和海参等。西沙群岛是一个鸟的世界，岛上堆积着厚厚的一层鸟粪，可以作肥料。中沙群岛和其他群岛不同，还是一群没有露出水面的珊瑚礁。南沙群岛是南海中面积最大、岛礁最多的群岛，属海南省管辖，它最南端的曾母暗沙，是我国领土的最南端。

南海是一个丰饶的渔场，海中有大黄鱼、小黄鱼、带鱼、鲉鱼、墨鱼、海龟、红鱼等。这里的鱼类从不游往其他的海域，似乎恋着自己的家乡，因而有"中国家鱼"的美称。南海的金丝燕用海藻和唾液做巢，这种巢就是珍贵的滋补品燕窝。

# 最大的海湾

海洋吞噬大陆，或是大陆吞食海洋，结果会在大陆边缘形成许多海湾。在世界范围内，总面积在100万平方公里以上的海湾有4个，而超过200万平方公里的只有印度洋东北部的孟加拉湾。

孟加拉湾位于印度半岛、中南半岛、安达曼群岛和尼科巴群岛之间，孟加拉国就在它的北岸。它的总面积达217.3万平方公里，平均深度2586米，水温在25—27℃之间。发源于我国的恒河和布拉马普特拉河（上游是雅鲁藏布江）从北部注入湾中，形成了宽广的河口。湾内有安达曼群岛、尼科巴群岛。沿岸有印度的加尔各答、马德拉斯和孟加拉国的吉大港等重要港口。

孟加拉湾是热带风暴孕育的地方。一般认为，这种风暴大多发生在南、北纬5°—25°的热带海域。产生在西太平洋，常常袭击菲律宾、中国、日本等国的叫台风；产生在大西洋，常常袭击美国、墨西哥等国的叫飓风。每年4—10月，即当地夏季和夏秋之交，猛烈的风暴常常伴着海潮一起到来，掀起滔天巨浪，呼啸着向恒河至布拉马普特拉河的河口冲去，风急浪高，大雨倾盆，造成了巨大的灾害。1970年11月12日，孟加拉湾形成的一次特大风暴袭击了孟加拉国，30万人被夺去生命，100多万人无家可归。

# 世界第二大湾

墨西哥湾位于北美洲东南，介于美国佛罗里达半岛、墨西哥尤卡坦半岛和古巴岛之间，呈椭圆形。东西长1609公里，南北长1287公里，面积为154.3万平方公里，大小仅次于孟加拉湾，为世界第二大湾。平均深度1432米，最深处3789米。墨西哥湾经佛罗里达海峡可直达大西洋，通过尤卡坦海峡可进入加勒比海。主要港口有美国的加尔沃斯顿、新奥尔良，墨西哥的韦拉克鲁斯、坦皮科和古巴的首都哈瓦那等。

墨西哥湾地处热带和亚热带，是一个几乎与外洋隔绝的海域，水温较高，夏季可达29□，冬季也在20□左右。大西洋中的南北赤道暖流在墨西哥湾汇聚后，通过佛罗里达海峡流出。它进入大西洋后又和从赤道北上的另一股暖流汇合，便形成了墨西哥湾暖流（也叫"湾流"），沿美国东海岸向北流去。墨西哥暖流对北美洲东部沿海的气候影响很大。冬季它使水温提高8□，使当地气候变得温和。它和寒流交汇的地方，渔产特别丰富。

墨西哥湾地区常常刮大风。特别是夏末秋初的季节，这里常刮可怕的飓风，风力可达12级。

这里虽然气候不佳，但矿藏丰富，有"聚宝盆"之称。墨西哥湾的西北部沿岸和大陆架储藏着丰富的石油、天然气和硫磺。现在，美国和墨西哥都在这里广泛地钻探、开采石油。

# 石油宝库的海湾

波斯湾是印度洋西北深入西亚大陆的一个大海湾。它位于阿拉伯半岛和伊朗高原之间，因伊朗古称波斯而得名，又称阿拉伯湾，简称海湾。

波斯湾长约1000公里，宽180—320公里，总面积24.1万平方公里，是世界重要的石油宝库。波斯湾海底、沿岸有着世界上最著名的油田，积蓄着大量天然气。世界的20多个大油田中，这一带就占一半。波斯湾沿岸的沙特阿拉伯、伊朗、科威特、伊拉克和阿拉伯联合酋长国等，都是重要产油国，石油年产量占全世界总产量的38%。

波斯湾不仅盛产石油，而且占有很重要的战略地位，它既是海上交通要道，又是国际石油贸易的一条大动脉。这里输出的石油约占世界石油总输出量的一半以上，除了一部分通过油管输入地中海沿岸，其余都通过波斯湾运往日本、西欧和美国。

波斯湾地处北回归线高压带，气候炎热，海水蒸发量超过注入量，夏季水温可达 30—33□，边缘地带甚至高达 36□，因此，波斯湾也是水温最高的海湾。

# 最长的海峡

莫桑比克海峡位于非洲大陆东南部和马达加斯加之间，长达 1670 公里，是世界上最长的海峡。

据地质学家研究，约在 1 亿多年以前，马达加斯加岛是和非洲大陆连在一起的。后来地壳变迁，岛的西部下沉，才形成了这条又长又宽的海峡。海峡平均宽度有 450 公里，北端最宽处达 960 公里。最深点为 3533 米，仅次于德雷克海峡和巴士海峡。因为莫桑比克海峡既宽又深，所以能通巨型轮船。从波斯湾驶往西欧、南欧和北美的超级油轮，都是通过这条海峡，再经好望角驶往各地的，因此它是南大西洋和印度洋之间的航运要道。

莫桑比克海峡地处热带，莫桑比克暖流自北向南流，终年炎热多雨，海中多珊瑚礁。海峡北口中部的科摩罗群岛和西南岸的马普托港（属莫桑比克），都是航运的战略要地。

# 最宽最深的海峡

连接太平洋和大西洋的德雷克海峡，是世界上最宽的海峡。它位于南美洲南端与南极洲的南设得兰群岛之间，东西长约300公里，南北宽达970公里。

德雷克海峡不仅是世界上最宽的海峡，也是世界最深的海峡。它的最大深度达到5248米。如果把两座华山和一座衡山叠放到德雷克海峡中去，那么连山头也不会露出海面。

德雷克海峡是世界各地到南极洲的重要通道。由于受极地旋风的影响，海峡中常常有狂风巨浪，有时浪高可达一二十米。从南极滑落下来的冰山，也常常漂浮在海峡中，这给航行带来了很大困难。

# 咽喉之地的海峡

直布罗陀海峡得名于东北侧的直布罗陀港。

直布罗陀海峡和地中海一起构成了欧洲和非洲的自然分界线。海峡的北岸是英属直布罗陀和西班牙，南岸是摩洛哥。对于大西洋和地中海来说，直布罗陀海峡真像它们的咽喉一样重要。

直布罗陀海峡除了有强大的"累凡特风"（地中海西部一带的强风以直布罗陀海峡为最大），还盛吹东、西风，大西洋中盐度较低的海水，通过自西向东的洋流，从海峡表层源源输入地中海，地中海中较咸较重的海水，约在海峡122米深水处流入大西洋，而且进水多，出水少，这就保证了地中海的稳定，也使它不致萎缩成一片盐海。

直布罗陀海峡联结地中海和大西洋，是地中海地区经大西洋通往南欧、北非和西亚的重要航路。1869年苏伊士运河通航后，尤其是波斯湾的油田得到开发之后，它的战略地位更加重要。

# 西方世界的生命线的海峡

霍尔木兹海峡位于西亚的阿曼半岛和伊朗之间，把盛产石油的波斯湾和通往印度洋的阿曼湾联系起来了。霍尔木兹海峡最窄处仅38.9公里，它是波斯湾的唯一出口，如果将这一海峡封锁住，西方世界的主要石油来源就被切断了，西方的工业、交通等就会陷入瘫痪。因此，人们称它为"西方世界的生命线"。

霍尔木兹海峡虽然只有150公里长，却是石油运输最繁忙的海峡，平均每5分钟就有一艘油轮通过。每年有占世界出口总量一半以上的石油从这里运出。从霍尔木兹海峡开出的油轮，一部分经过红海、苏伊士运河或好望角运往西欧、南北美，另一部分经马六甲海峡、望加锡海峡运往日本，还有一部分直接运往澳大利亚等国。

# 迂回曲折的海峡

在南美大陆和火地岛之间，有一条十分迂回曲折的海峡。它的西段呈西北至东南走向，中段南北走向，东段又从西南折向东北，自西至东，拐了一个直角弯。中、西段的海岸也很曲折。两岸陡壁耸立，海岬、岛屿密布峡中，风大多雾，潮高流急，多旋涡逆流，海上时有浮冰，不利于航行。所以这里一直是一个人迹罕至的海域，大西洋和太平洋被分隔在海峡两边。

16世纪，葡萄牙航海家麦哲伦自信在此终有一条通往"南海"（太平洋的航道）。他于1519年9月20日率领一支船队开始航行。到达南美洲东海岸后，沿着海岸前进，在第二年10月21日进入他要寻找的海峡。经过一个多月的艰难航程，战胜了死亡的威胁，终于在11月28日驶出海峡，进入风平浪静的太平洋，为第一次环球航行开辟了胜利的航道。后人为了纪念麦哲伦对航海事业做出的贡献，把这段海峡称为麦哲伦海峡。

麦哲伦海峡全长592公里，宽窄悬殊，深浅差别也很大。最宽的地方有33公里，最狭处仅3公里左右；最深处在千米以上，最浅的地方只有20米。当年麦哲伦率领船队在海峡航行时，夜晚曾见南边岛屿上升起一个个火柱，这是印第安人点燃的烽火，因此这个岛屿也就被称为"火地岛"。火地岛是海峡南边的最大岛屿，面积4.8万平方公里，东部属阿根廷，西部属智利。

麦哲伦海峡的一些港湾可停泊大型船只。因为航道曲折艰险，自从巴拿马运河通航后，来往大西洋和太平洋之间的船只一般不再经过这里。

# 黑海与地中海纽带的海峡

黑海海峡又叫土耳其海峡，因在土耳其境内而得名。是欧洲大陆的一处天然分界线，是黑海的唯一出口。黑海周围的国家走水道只有沿黑海海峡——苏伊士运河进入印度洋。黑海海峡包括北部的博斯普鲁斯海峡、中部的马尔马拉海峡和南部的达达尼尔海峡三部分，全长共约300公里。

博斯普鲁斯海峡长30公里，最宽处为3.6公里，最窄处为720米。水的深度从2.8米到80米不等。土耳其最大的城市伊斯坦布尔也被博斯普鲁海峡一分为二，城市西部位于欧洲的巴尔干半岛上，东部位于亚洲的小亚细亚半岛上。伊斯坦布尔也就成了世界上唯一横跨两大洲的大城市。1973年，土耳其政府修建了横跨海峡的博斯普鲁斯公路大桥，全长1560米，把伊斯坦布尔市联成一体，使欧、亚两大洲连在一起。伊斯坦布尔也获得了"东方十字路口"的称号。

达达尼尔海峡是黑海海峡的最南段，它和地中海的爱琴海直接相连，海峡两岸悬崖峭壁、地形险要，具有重要的战略意义。

# 远东十字路口的海峡

在东南亚的马来半岛和苏门答腊岛之间，有一条东接太平洋的南海、西连印度洋的安达曼海的狭长海道。因为它临近马来半岛的古代名城马六甲，因而被称为马六甲海峡。

马六甲海峡的总长度为1100公里（包括新加坡海峡在内），西北部较宽，有3000多公里，东南部狭窄，最窄处仅38公里，看上去像个大喇叭，水深25—27米。海峡处于赤道地区，风平浪静，海流缓慢。海峡底部比较平坦，浅滩、暗礁不多，有利于航运，可通20万吨级的油轮。两岸地势平坦，森林遍布，一派热带风光。

马六甲海峡地处欧洲、亚洲、非洲和大洋洲航道的"十字路口"，是太平洋和印度洋的重要通道。特别是太平洋西岸的国家，如中国、日本、朝鲜等要到南亚、西亚、非洲去，马六甲海峡是必经之地。所以它又有"远东十字路口"之称。

# 世界海运中重要的运河和海峡

苏伊士运河——位于埃及东北部，扼欧、亚、非三洲交通要冲，沟通地中海和红海，连接大西洋和印度洋，是世界国际贸易货物运输数量大的国际运河。

巴拿马运河——斜贯巴拿马共和国中部，沟通太平洋和大西洋的国际运河，国际贸易货物运输数量仅次于苏伊士运河。

基尔运河——位于德国东北部，沟通波罗的海和北海，是波罗的海通往大西洋的捷径，是世界上通过船只最多的国际运河。

马六甲海峡——位于亚洲东南部马来半岛和苏门答腊岛之间，是沟通太平洋和印度洋的海上交通要道。

英吉利海峡——介于英、法两国之间的狭窄海域，是连接西北欧与北美的主要航线，是世界上货运最繁忙、通过船只最多的海峡。

霍尔木兹海峡——位于亚洲西部阿曼半岛和伊朗之间，呈人字形，西接波斯湾，东连阿曼湾，是世界上著名的"石油海峡"。

直布罗陀海峡——位于欧洲伊比利亚半岛南端和非洲西北角之间，是地中海通往大西洋的唯一海上通道。

# 世界海洋十大深渊

"勇士Ⅰ号"海渊最深处有1.1034万米，位于马里亚纳海沟的南端。此海渊是以苏联的海洋探测船"勇士"号命名的，是"勇士"号于1957年8月18日所测得。

"的里亚斯特"海渊最深处1.0918万米，也在马里亚纳海沟，是1960年1月23日由美国的深海观测用潜艇"的里亚斯特"号测得的。

"勇士□号"海渊最深处1.0882万米，是南半球最深的地方，位置在汤加海沟中段，也是苏联的海洋探测船"勇士"号发现的。

"挑战者"深渊深度为1.0863万米，这也是在马里亚纳海沟"勇士号"海渊的东面。该海渊是英国的海洋观测船"挑战者"号于1951年探到的，故名为"挑战者"海渊。

"拉马波"海渊深度达1.0680万米，在伊豆小笠原海沟内。是美国的军舰"拉马波"号发现的。

堪察加海沟是"勇士"号海洋观测船在北纬44°15.2'、东经150°34'处测到的，深达1.0542万米。

"活雕像"海渊是菲律宾海沟的最深处，深达1.0540万米。这是丹麦军舰"活雕像"号在周航世界的探查中，于1951年在菲律宾海沟探测到的。

　　"约翰逊角"海渊深达 1.0497 万米，在菲律宾海沟中部，这是美国军舰"约翰逊角"号于 1945 年 7 月测到的。

　　"埃姆登"海渊也在菲律宾海沟内，深度达 1.0400 万米。为德国军舰"埃姆登"号于 1927 年 4 月 29 日发现。

　　"勇士□号"海渊位于汤加海沟南方的克马德克海沟内，深达 1.0047 万米，也是苏联的"勇士"号在 1957 年发现的。

# 世界第一大岛

　　"格陵兰"的含义是"绿色的土地"。可是，这里却是一片白茫茫的冰雪世界，85% 的地面上覆盖着厚厚的冰层。实际上它是仅次于南极洲的第二大冰库，冰层平均厚度为 1515 米，最厚处达 3410 米。这里的冰块有 260 万立方公里，如果全部融化，可以填满世界最大的陆间海——地中海；如果让它们流入海洋，全世界的海水就要升高 6.5 米。

　　格陵兰岛有 4／5 的面积在北极圈内。最北端距北极才 707 公里，是地球上距北极最近的陆地。岛上寒冷异常，经常出现巨大的暴风雪。北极圈以内还会出现极昼、极夜现象。每到 10 月份，岛上的大部分地区开始进入漫漫的长夜，天空中持续 5 个月不见太阳，只有月亮和满天星斗。第二年 3 月才开始出现太阳，从 4 月到 9 月，虽然终日可见太阳，但升得不高，只在地平线上打转转。因此，格陵兰岛一年中从太阳那里得不到多少热量。岛上只会降雪而不会降雨，积雪终年不化，在压力的作用下慢慢变成了冰，最后形成了巨大的冰层。

格陵兰虽然是一片冰雪世界，但不是毫无生机。每到夏季，沿海岸一带会出现一片绿色。岛上生活着驯鹿、北极熊、北极狐和海豹等动物。近海有鲸、鳕鱼、沙丁鱼等。岛上生活着5万多居民，绝大部分是爱斯基摩人和北欧人的混血人种，90%的人口居住在较为温暖的西南沿岸。岛上居民养着5万多条狗，人们带着狗去打猎，驾着狗拉的雪橇去观赏冰雪景色。

格陵兰这个世界第一大岛的面积达217.6万平方公里，相当于西欧面积的总和，比中国第一大岛台湾大60倍。

# 火山岛

百慕大群岛位于大西洋的西部，距北美大陆约930公里。它是英国的自治海外领地，由150个小岛和许多岩礁组成，总面积54万平方公里。1515年西班牙航海家胡安·德·百慕大乘船从这里经过时发现了它们，于是便取名为百慕大群岛。

百慕大群岛是从海底突然"冒"出来的。在距今几百万年以前，在这片海区的海底，曾经发生过一次剧烈的火山喷发。炽热的熔岩流从地幔通过一个个火山口冒出来，结果形成了许多圆锥状的小山。这些小山越"长"越高，最终冒出了海平面，形成了大大小小的岛屿，这些岛屿就叫火山岛。

在这星罗棋布的岛屿中，大约只有20个有人居住。其中最大的一个岛叫大百慕大岛，它和其他6个大岛互有桥梁和堤上公路连接，被称为群岛的"大陆"。

百慕大群岛气候温暖湿润，植物四季常绿，有用百合花、夹竹桃、一品红、木槿和牵牛花组成的5条"赏花路"，空气清新。别具一格的建筑物，设备完善的运动场，幽静的海滨，巍峨的岩石等，都令人乐而忘返。每年有几十万人到这里来旅游，岛上的绝大多数职工都从事旅游业，旅游收入约占百慕大国民生产总值的2/5，难怪人们称它为"旅游之邦。"

20世纪以来，百慕大群岛附近的一个三角形海域常有飞机、船只神秘地失踪。例如，1925年4月18日，日本货船"来福丸"满载小麦从波士出发，经过百慕大海域时突然下落不明，连一点残片也没有找到。1945年12月5日，5架从佛罗里达起飞的美国轰炸机，在百慕大上空全部遇难。在接收到微弱的呼救信号后，两架大型飞机前往救援，可是其中一架也失踪了。事后，美国出动了大批舰只和飞机去寻找，结果毫无线索。因此，这一地区就被称为百慕大"魔鬼三角区"，给这个"旅游之邦"蒙上了一层恐怖的阴影。许多科学家正在对此做一步调查和研究。

# 冰与火的世界

在一般人的想象中，冰岛一定是一个终年千里冰封的岛国，其实冰岛是一个冰与火的世界。

冰岛是欧洲西北、大西洋北部的岛国，靠近北极圈，因此气候十分寒冷，年平均气温不到5□，岛上有13%的地方常年被冰雪覆盖着。然而冰岛又是一个火热之岛，是全球火山活动最剧烈的地区之一。大约每隔5年就有一次剧烈的火山爆发，喷发后的熔岩在岛上横流。因此，那里的许多高山和平原都是由冷凝了的熔岩流形成的，冰川和熔岩流的面积各占全岛的1／10。

冰岛的温泉也特别多，大小温泉有200多个。它们的温度各不相同，有的适合于洗澡，有的可以用来做饭，把土豆和鸡蛋放在有的泉中，一会儿就煮熟了。有的温泉是间歇温泉，最大的间歇泉名叫"盖济尔"泉。"盖济尔"是"一拥而出"或"腾空而起"的意思。它每隔6小时左右喷发一次，每次持续5分钟，水柱可高达70米，最低时也有24米。

在一片冰天雪地的国度里，这么多的温泉是怎么形成的呢？原来，由于这里火山活动频繁，地下没有完全冷凝的熔岩把地下水烤得很热，然后热水沿地层的裂缝涌出后，就形成了很多温泉。

冰岛的首部叫雷克雅未克，意思是"冒烟的城市"，其实这里冒的不是烟，而是温泉水汽凝结的水雾。雷克雅未克的市民们做饭、取暖都不烧煤和柴，而是使用管道运输的热水和暖气。所以，雷克雅未克是世界少有的"无烟城市"。人们还利用地热发电，培植瓜果蔬菜等，尽管外面大雪纷飞，寒风刺骨，人们在温室里好像置身于热带国家中一样。

# 火湖所在地的岛

大巴哈马岛是西印度群岛上巴哈马联邦的第四大岛，位于巴哈马群岛的北端，西距美国佛罗里达半岛约96公里。东西宽12公里，南北长24公里，面积1373公里。岛上地势低平，气候温和，松树遍地，风景秀丽，是著名的疗养、游览胜地。海滨有洁白平整的沙滩，沙滩上搭着一座座茅草凉棚，供游客们乘凉、歇息。这里远离喧闹的大城市，显得十分恬静、安适，别有一番情趣。

大巴哈马岛上最吸引人之处，是岛上的"火湖"。夜间泛舟湖上，可以看见船桨激起的点点火花，船尾拖着一条长长的"火龙"。有的时候，跃出水面的鱼儿身上也有闪动的火星。

火湖中的"火"是从哪里来的呢？原来，"火湖"中繁殖着大量含有荧光酵素的甲藻，当水珠飞溅时，甲藻中的荧光酵素被氧化，就发出五光十色的"火花"来。

# 泉水之岛

牙买加是中美洲加勒比海上的一个岛国。这里到处有丰满的水草，淙淙的泉水。在印第安人阿拉瓦克族的语言中，"牙买加"就是"泉水之岛"的意思。

牙买加岛境内多山岭，山峰都不很高，最高峰也只有2256米。在高山和幽谷之间，人们常常可以看到淙淙的山泉从崖壁的裂缝中流出。这些山泉逐渐汇成小溪，形成瀑布落入涧中，涧水又汇成了一条条小河和大河。全岛共有大大小小的河流数百条，河流的名称取得十分生动有趣，有的叫黑河，有的叫宽河，还有的叫铜河、牛奶河、香蕉河……

岛上分布着大面积的石灰岩，石灰岩容易被酸性的水侵蚀而出现裂缝、溶洞，使岩石层中有了盛水的空间。牙买加岛东北部的雨量特别充沛，因此岩石层中就储有大量的清水。当岩层受到压力挤压而出现缺口时，便于成了一道道清泉。

牙买加岛除了有众多的飞泉、瀑布外，还有许多千姿百态的岩洞，再加上浓郁的热带风情，使它成了一个旅游胜地。

牙买加有产量居世界第二的铝土矿，出产香蕉、甘蔗、咖啡、可可等热带水果。

# 世界最大的珊瑚礁

大堡礁位于澳大利亚东北的珊瑚海上，包括600多个岛礁和浅滩，长2013公里，宽16—20公里，最宽处有240公里，总面积达20.7万平方公里，构成了澳大利亚昆士兰州东海岸外的天然长堤。

珊瑚礁是由一种微小的腔肠动物——珊瑚虫制造出来的。珊瑚虫原来生活在海底的石灰质高地上，吃海藻等食物，消化之后，就分泌出石灰质。老的珊瑚虫死去后，它们的骨骼也就和石灰质混在一起了，新的珊瑚虫继续在原来的石灰质上生长。就这样，成千上万年过去了，便形成了巨大的珊瑚礁群。有的露出水面，成为海岛。因为它们像堡垒一样护卫着海岸，因此称为堡礁。大堡礁的珊瑚体厚度已达200多米，它已有三千万年的历史。由于大堡礁附近的海域有适合珊瑚生长的水温、盐度等条件，这里的珊瑚礁特别多、特别好，形成了澳大利亚独特风景区。

大堡礁由350多种五彩缤纷的珊瑚组成，有的像傲雪的红梅，有的像开屏的孔雀，有的像繁茂的树枝，还有的像精雕细刻的工艺品……坐飞机从上空俯瞰，珊瑚礁宛如艳丽的鲜花，开放在碧波万顷的大海上。其中的格林岛还设有精巧的水下观察室，游人们在那里可以观看珊瑚洞穴里栖息着的数百种美丽的鱼类和稀奇古怪的海生动植物。有被珊瑚虫寄生的重达140公斤的巨蛤，有能施放毒液的华丽的狮子鱼和形如石头的石头鱼，还有敢于偷袭潜水员的昆士兰鳍鱼。

现在，大堡礁遭到了以珊瑚虫为食的荆冠类海星的威胁，有的礁脉已被破坏，澳大利亚政府正在采取积极的保护措施。

# 鸟　岛

钦查群岛是南美秘鲁的"鸟岛"，位于太平洋中西部沿岸，由3个小岛组成。有人做过一番估计，在这里的一个小岛上就生活着600多万只海鸟。这些海鸟每天吃掉的鱼虾多达1000吨。鸟鸣时，伴随着阵阵海涛声，奏出了一首首旋律雄壮的"大自然交响曲"。这些海鸟的羽毛绚丽多彩，遮天蔽日，十分壮观。由于海鸟众多，鸟粪堆积，成了一座天然化肥厂，每年可开采10多万吨。秘鲁政府十分重视保护这座鸟儿的乐园。

除钦查群岛外，在印度洋的塞舌尔群岛中也有一个鸟岛。这个鸟岛面积只有2.5平方公里，那里的一切保持着原始状态。每年四五月份，有一二百万只鸟来此栖息、配偶、产卵、繁衍后代。它们把大量的鸟蛋留在岛上，因此，鸟岛又有"蛋岛"之称。岛上还竖着这样一块牌子："这里是鸟的世界，您是鸟的客人。"

中国最大的咸水湖——青海湖中，也有一个鸟岛。在这个460平方米的小岛上，却栖息着10万多只鸟。春末夏初，这里到处都是鸟。一眼望去，密密麻麻的鸟窝，到处都是大大小小的鸟蛋。

# 龟 岛

科隆群岛原名加拉帕戈斯群岛，位于南美洲西部的太平洋上，由16个大岛和许多小岛、岩礁组成。总面积约为7976平方公里，属远在岛东1000公里的厄瓜多尔。

科隆群岛是一群火山喷发后形成的岛屿，布满峭壁和火山堆。然而这里却栖息、生长着很多世界稀有的珍奇动物，其中最为奇特的要算大海龟了。这些大海龟可以长到1米多长，200多公斤重，背上可以驮一两个人。龟的性格都很温顺，喜欢生活在海岸边草丛里，以仙人掌作主食。1935年，西班牙人第一次来到这里时，发现岛上到处都是大海龟，就给这个群岛取名为"加拉帕戈斯"，意思就是"龟岛"。

大蜥蜴也是这里的奇特动物，有陆生的，也有海生的。陆生的有1米多长；海生的比陆生的数量多，身体也比陆生的大，灰黑色的身子拖着一条很长的尾巴，样子很像恐龙。据说这种大蜥蜴的始祖产生在中生代，现在只有科隆群岛才有这种动物。

在这个靠近赤道的群岛上，竟然还生活着只有严寒的极地才能生存的企鹅、信天翁、海豹等动物。这是怎么回事呢？原来，从极地出发的秘鲁流经过这里时，群岛被"浸"在冷气流中，形成了既干燥又凉爽的气候，从南极海域伴随着寒流前来旅行的企鹅、海豹等"游客"，也乐意在此安家了。

1835年9月，达尔文乘着英国海军考察船来到此岛考察，也发现这里的动植物为适应自然环境而发生变化，如生活在各个岛上的同一种鸟类和海龟的形态和习性大不相同。这个发现使他认识到自然也能对物种进行选择，为他的"适者生存"的进化观点提供了有力的证据。后来，人们为了纪念达尔文，在岛上建起了达尔文的半身铜像纪念碑和生物考察站，这个岛又被称为"活的生物进化博物馆"。

除科隆群岛外，非洲东部印度洋上的阿尔达布拉岛也是一个举世著名的龟岛。在那里，大约生存着15万只大海龟，它们体长2米，体重200多公斤。

# 烟草岛

多巴哥岛是南美洲特立尼达和多巴哥的第二大岛，位于西印度群岛南端的大西洋上。岛长42公里，最宽处也只有11公里，形状狭长，像一支雪茄烟。而且岛上盛产烟草，因此岛的名称也就叫作"多巴哥"，意思就是"烟草"。

多巴哥岛的面积约300平方公里，东北部峰峦起伏，西南部地势平坦。岛上椰林处处，鸟语花香；沿岸沙滩松软，水清见底，热带鱼在珊瑚礁间游来游去，充满热带风情。岛东北端的小多巴哥岛上，栖息着不少羽毛艳丽、能歌善舞的极乐鸟。岛西南沿海的布科礁有着远近闻名的"海底公园"，多巴哥以自己独特的景色吸引着世界各地的游人。

# 神奇的夏威夷群岛

夏威夷群岛地处太平洋中心，面积1.7万平方公里。由大小20多个火山岛、珊瑚岛组成，其中较大的岛屿有8个。

夏威夷岛是群岛的第一大岛，以火山奇观著称。岛东南部高1247米的基拉韦厄火山是一座终年都不休息的活火山，几乎天天都有熔岩喷出。那炽热的熔岩流好像一锅沸腾的钢水，上下翻滚，形成了长4公里、深130米的"火湖"。当火山活动较为剧烈时，熔岩就从火湖的边沿流出，形成壮观的熔岩瀑布、熔岩河流，甚至熔岩喷泉。当地土著居民把这个火湖叫作"哈里摩摩"，意思是"永恒的火焰之家"。到了夜晚，火湖向天空中喷出的熔岩泉就形成了迷人的"节日焰火"，飞溅的熔岩还会凝结成头发般的细丝，当地人称它们为"火神的头发"。

在基拉韦厄火山的西部，还有一座高达海拔4170米的冒纳罗亚火山，是世界上最高的海岛火山。

这两座火山虽然经常喷发，但并不猛烈，熔岩的黏稠度小，流动性强，不易堵塞通道，因而就成了人们观赏火山的好地方。在20世纪初，美国就把这里列为"夏威夷火山国家公园"。

瓦胡岛是夏威夷群岛的第三大岛，全岛长64公里，宽42公里，面积1554平方公里。夏威夷州的首府——火奴鲁鲁（檀香山）就位于瓦胡岛上。瓦胡岛的南面就是美国最大的海军基地——珍珠港。

考爱岛是夏威夷群岛的第二大岛，它是世界上降雨量最多的地方，号称世界"雨极"。这里的年平均降雨量为11684毫米，岛的东北坡是全岛降水最多的地方，每年有350天是雨天。可是，仅隔一条山岭，考爱岛的西南面却是一片沙漠，年降雨量不过460毫米，还不足东北面的4%。更为神奇的是，人在这些沙丘上走动时，沙丘就会发出"汪汪"的叫声；如果在沙滩上奔跑，就会发出雷鸣般的声音，天气越干燥，声音越大。科学家正在对这些奇怪的自然现象进行探索和研究。

夏威夷群岛上的这些自然奇观，吸引着世界各地的游客，每年有数百万人来这里旅游。

夏威夷群岛的地理位置十分重要。它是航海、航空的必经要道，穿过太平洋的海底电缆也经过这里。因此，它又有"太平洋上的十字路口"之称。

# 智利的复活节岛

南太平洋上,有一个面积仅165平方公里的小岛——智利的复活节岛。它以神秘的巨石人像和奇异风情吸引着无数的游人。

复活节岛是由荷兰航海家雅可布·洛基文于1722年4月5日首先发现,当天正值基督教的复活节,故得此名。岛上的居民则称它"拉帕·努伊",意为"石像故乡",也有人称它"特皮托·库拉",即"世界的肚脐"。小岛东距智利本土3700公里,西距最近的皮特克恩岛1900公里,就像一叶孤舟漂泊在万顷碧波上。该岛是个火山岛,呈三角形,三座较高的死火山分立在岛的三个角上,小火山则遍布小岛各地。这里属亚热带海洋性气候,湿热多雨,年平均气温约22□。

复活节岛上最吸引游人的是遍布岛上的近千尊巨大的石雕人像。它们或卧于山野荒坡,或躺倒在海边岸上。其中有几十尊竖立在海边的人工平台上,背对大海,昂首远视。这些无腿半身像造型生动,高鼻梁、深眼窝、长耳朵、翘嘴气,双手放在肚子上。石像一般高5—10米,重几十吨,最高的一尊有22米,重300多吨。有些石像头顶还带着红色的石帽,重达10吨。这些石像由黝黑的玄武岩、凝灰岩雕琢而成,有些还饰有贝壳镶嵌的眼睛,炯炯有神。

据考证,这些石像绝大多数出于岛北端的拉诺·拉拉库火山,均有1500年以上的历史，而这个时期岛上现在居民的祖先波利尼西亚人还未登岛。因此这些石像是谁雕刻的？它们是如何被安置在这里的？一直是个谜。

复活节岛北部的阿纳凯纳是全岛最富魅力的风景区，除一排威武的石像外，金黄色细沙滩绵延不断，岸上茂密的棕榈树呈现出一片热带风光。攀上全岛最高点海拔507米的特雷瓦卡山顶，岛上的大小火山和四周的石像尽收眼底，浩瀚的太平洋与蓝天浑然一体，令人心旷神怡。从山上下来不远便是著名的"七尊石像"景点。

# 印度洋的宝石王国

印度洋上的斯里兰卡，是一个美丽的岛国。它宛若一朵浮在蔚蓝色海面上的莲花，又如一块镶嵌在碧绒上的宝石。斯里兰卡南北长434公里，东西宽225公里，总面积为65610平方公里。这个蛋状的岛屿有着独特的热带风光，悠久的名胜，被誉为"赤道天堂"。

斯里兰卡原名"锡兰"，中国古书称为"狮子国"，已有千年历史。这个岛屿地处赤道附近，北隔保克海峡和印度次大陆相望，扼东、西印度洋航道的要冲，有"印度洋的钥匙"之称。

这里四季常夏，终年葱绿。茶叶、橡胶、椰子号称斯里兰卡的"三宝"。"锡兰"红茶，色正味醇，享有盛名。斯里兰卡和中国、印度是世界上三大茶叶出口国。

"斯里兰卡"在梵语中是"宝石"的意思，这是名副其实的，因为在岛上任何地方都可挖出璀璨的宝石来。因此，斯里兰卡的法律严格规定：除了正常的耕种活动外，非经政府许可，谁都不准动土。斯里兰卡出产22种宝石，如刚玉、红宝石、蓝宝石、绿宝石等，其中最为珍贵的叫"猫眼石"。这种宝石平时碧绿剔透，光照时则出现猫眼的幻象。虽然斯里兰卡是个农业国，但仍有100多万人从事宝石采掘、加工及贸易。宝石是斯里兰卡主要出口商品之一。

# 鲁滨孙漂流地

18世纪的英国小说《鲁滨孙漂流记》描写水手鲁滨孙在航行中遇险后，漂流到了一个荒无人烟的孤岛上生活了好多年，过着野人般的生活。

鲁滨孙虽是小说中的人物，但确有其原型，他的名字叫亚历山大·塞尔柯克。塞尔柯克本是英国军队中的中尉水手，苏格兰人。1704年，他乘着装有16门大炮的英国船只经过马斯地岛时，被遗弃在这座孤岛上。同时抛下的还有一支马枪、一张吊床和一部《圣经》。塞尔柯克从此就沦落在这个没有人烟的荒岛上，白天，他和海马、山羊为伴。入夜同海浪、松涛同眠。他经常伫立在山巅，眼巴巴地望着茫茫大海，希望能发现一只船只，带他重返家园。就这样度过了四年又四个月，直到1709年，才被英国的杜克船队搭救回国。

塞尔柯克回国后，结识了丹尼尔·笛福。笛福根据塞尔柯克的经历，写成了《鲁滨孙漂流记》。小说的生活情节引起了广大读者的兴趣，马斯地岛也因此出了名。

马斯地岛东距智利海岸450公里，是胡安—费尔南德斯岛的主岛，属于火山岛。岛上地势崎岖，森林茂密。智利政府在1966年已把它改名为"鲁滨孙·克鲁索岛"，并开辟为国家公园。在塞尔柯克当年瞭望的山巅，立着一块铜牌，用文字记载着漂流经过。这个荒凉的小岛成了南美新兴的旅游胜地。

# 中国海南岛

中国第二大岛海南岛，面积3.22万平方公里，是中国最大的热带作物宝库。岛上到处都是高大的椰子树、橡胶树、咖啡树、香蕉树以及甘蔗林。这里盛产椰子、菠萝、荔枝、杧果、龙眼、香蕉等热带和亚热带水果。全岛有20万亩椰林，公路两侧排列着一排排高大挺拔的椰子树，穿行在椰林中，真像到了一个椰子的王国。这里的水稻一年三熟，自然资源丰富，西海岸有大型的盐场。

海南岛气候温暖湿润，四季鲜花盛开，是我国南方的旅游避寒胜地。雄伟的五指山，奔腾的万泉河，迷人的太平山瀑布，都是游人向往的地方。岛南的三亚市，有"中国的夏威夷"的美称。在三亚市以西的海边，有一处"天涯海角"的胜景。"天涯""海角"的海边巨石上的题刻。古人来到这里，面对茫茫大海，水天一色，烟波浩渺，便以为这是世界的尽头——"天涯海角"了。

海南岛踞守着中国的南大门，隔着34公里宽的琼州海峡与雷州半岛相望。从1988年起，海南岛已和附近的中沙、西沙、东沙和南沙群岛组成了海南省，并且成了中国最大的经济特区。

# 最大的半岛

大约在一千多万年前，地中海和印度洋之间的大陆是连在一起的。以后发生了地壳大变动，形成了东非大裂谷，陆地中间陷落成为红海。红海把亚非大陆截然分开。红海东边的一块土地成了一个略呈长方形的半岛——阿拉伯半岛。半岛南靠阿拉伯海，东临波斯湾、阿曼湾，北面以阿拉伯河口——亚喀巴湾顶端为界，与亚洲大陆主体部分相连。半岛南北长约2240公里，东西宽约1200—1900公里，总面积达322万平方公里，是世界最大的半岛。

阿拉伯半岛上有7个国家：沙特阿拉伯、也门共和国、阿曼、阿拉伯联合酋长国、卡塔尔、科威特和巴林（在波斯湾中）。沙特阿拉伯的领土占了半岛的3/4。

这里大部分地区气候炎热，也没有常年有水的河流和湖泊，农耕时只能用地下水。炎热干燥的气候形成了大片沙漠，沙漠面积约占总面积的1/3。半岛南部的鲁卜哈里沙漠达65万平方公里，比我国最大的沙漠——塔克拉玛干沙漠还要大上一倍。

半岛上农产品很少，人民主要以农业为生，多数放养骆驼。当地出产的阿拉伯马和阿拉伯骆驼在世界上很有名。

阿拉伯半岛及附近的海湾中蕴藏着大量的石油和天然气，岛上许多国家都以此为经济支柱。沙特阿拉伯是世界上生产石油最多的国家，石油工业的产值占国民经济总产值的80%以上，被称为"石油王国"。

# 红海门闩的半岛

在红海和印度洋之间，有一块从非洲大陆伸出来的陆地——索马里半岛。它的面积约75万平方公里，好像一只犀牛的犄角向东北突出，使得红海和印度洋之间的通道变得有些狭窄。

索马里半岛对面就是亚洲的阿拉伯半岛，向北不远就是欧洲。地处亚、非、欧三洲的交通要冲，扼守着红海通向印度洋的门户。从波斯湾开出的油轮，经马六甲海峡开来的轮船，都要经过这个门户才能进入红海、地中海，因此有"红海的门闩"之称。

半岛上的国家——索马里民主共和国也叫"非洲之角"。500多年前，中国明朝的航海家郑和曾率领一支庞大的船队到达过这里。

这里气候炎热干燥，水源缺乏，可以耕作的土地不多，牧场约占全国总面积的45%，其余都是荒漠和半荒漠。当地约有75%的人以放牧为主。它是世界上饲养骆驼最多的国家，索马里饲养的骆驼占全世界骆驼总数的1／3。骆驼不仅是当地的重要交通工具，而且是肉、奶、油的主要来源。索马里人常常把拥有骆驼的数量作为衡量财富多少的标准。

索马里还有"香料王国"的称号。它所出产的名贵香料乳香和没药，占世界总产量的一半，在世界上一直享有很大的声誉。

# 美国柑橘的半岛

佛罗里达半岛在美国的东南部，面积为15.16万平方公里，像一只从陆地上伸出的巨掌。

这里风景优美，气候温暖。大约400年前，西班牙人到达这里时，看到绿树成行，鲜花盛开，就给它取了"佛罗里达"这个美好的名字（意思就是"鲜花盛开"）。这里生长着很多亚热带作物，尤其是柑橘，几乎遍及整个半岛，占美国全国总产量的80%。这里还盛产蔬菜，是美国第二个蔬菜生产基地。

佛罗里达半岛也是著名的旅游、疗养胜地。这里的海滨城市迈阿密，有着著名的海滩——棕榈滩。滩上铺满洁白松软的沙粒，岸边生长着高大的棕榈树，远处是湛蓝的海水，呈现出一派典型的亚热带海滨风光。附近的红鹤湖，栖息着大群长着玫瑰色羽毛的红鹤。这些红鹤还能为游客"表演"，它们整齐地飞问远处，又阵容整齐地飞回来。迈阿密海滩边旅馆林立，到处有游泳场，每年可接待几十万人。

佛罗里达半岛东面的卡纳维拉尔角，是美国的火箭、航天飞机发射基地，有"航天城"之称。

# 神奇的半岛

堪察加半岛上有许多奇异的现象：高山植物生长在海边；现代冰川和火山"和平共处"；紫罗兰花盛开在温泉旁的雪堆中；海鸥在鱼背上自由进食。令人更为惊奇的是：半岛上还有一个被称为"动物的坟墓"的山谷，许多活蹦乱跳的动物进入山谷后会突然丧生。

这个奇异的半岛就在亚洲东北部——俄罗斯的远东地区。在俄语中，"堪察加"就是"极遥远之地"的意思。

堪察加半岛长达1200公里，宽100—450公里，总面积37万平方公里，是俄罗斯最大的半岛。由于地理位置靠近北极圈，岛上冬寒夏凉，高山上分布着大面积的冰川，是一个寒冷的世界。可是，半岛上却有许多火山和温泉，仅活火山就有28座，温泉、喷泉数以千计。有的温泉特别热，甚至可以煮熟鸡蛋和土豆。这种特殊的地理条件便形成了许多自然奇观。

那个被称作"动物的坟墓"的地方，就在基赫皮内奇火山的脚下，这里的山谷中堆积着各种鸟类和狐狸、熊等的尸体和白骨。科学家经过考察认为：这个山谷三面都是山，只有一面和外面相通，山谷中充满了有毒的气体——硫化氢。当与外界相通那端有风进入时，硫化氢的浓度较低，动物能够进入谷内；风一停，硫化氢的浓度很快增高，动物就纷纷中毒身亡了。

# 狭长如剑的半岛

加利福尼亚半岛位于美洲大陆的西部，自西北向东南和美洲大陆大体平行延伸，它像一把长长的利剑插入太平洋中。它的内侧是加利福尼亚湾，外侧是波涛滚滚的太平洋，全长1300公里，最宽处220公里，最窄处仅40公里。就长度而论，加利福尼亚半岛虽不及阿拉伯半岛、中南半岛、印度半岛等，但按长宽率说，加利福尼亚半岛是世界上最狭长的半岛。

加利福尼亚半岛总面积14.37万平方公里，行政上属墨西哥。地势北高南低，东西坡都是一些平原地带。

# 国家、城市趣闻

# 水上之都

威尼斯是闻名世界的水上城市，有"水都"之称。为意大利北部威尼托大区的首府，共33万人。也是著名旅行家马可·波罗的故乡。

这座被称之为世界上最美、最迷人的城市，位于亚得里亚海滨，分布在100多个岛上，有170条大小河道相互沟通。由401座各式各样的桥把城市各部连在一起，城市的主要交通工具为船，全市共有轮船、汽艇5000多艘。

威尼斯的纺织业、造船、化工、食品、手工业较发达。威尼斯是意大利较大的港口之一。

圣·马可广场为威尼斯的市中心，拿破仑称之为世界上最美丽的广场。广场上坐落着富丽堂皇的王宫、罗马拜占庭式的圣·马可大教堂、新旧总督府和拿破仑王宫。广场上有一座98.6米高、12米宽的钟楼，在上面可以俯瞰威尼斯全景。

圣·马可教堂内有圣·马可坟。圣·马可为马可福音作者，威尼斯的护城神，其标记有狮子，故威尼斯城徽为一狮子拿一本福音。

在威尼斯街道的河面上，不但看到轮船、汽艇穿梭，还可不时看到有人划着一种奇特小船，那就是有名的"贡多拉"。历史上最多时达一万多艘。随着现代交通工具的发展，此船似已过时，但为了保持其独特传统，现仍保留有400多艘。

# 温泉之国

匈牙利是个温泉十分丰富的国家，在9.3万平方公里的国土上就有450多处温泉，匈牙利人为拥有丰富的温泉资源而自豪，外国旅游者慕名前来浴身治病也不少。

首都布达佩斯是各类温泉荟萃之地。从市中心的盖莱尔特山麓到老市布达有100多个泉口，每天可喷涌出4000多万公升的矿泉水，建有欧洲最大的驰名世界的疗养和休养中心，最著名的要数位于城市公园之中的塞琴伊温泉站，它建于1881年。这里泉水清澈，古色古香的建筑映入池中，别有洞天。在严冬腊月、冰雪封地，塞琴伊温泉站依然是春意盎然，地下喷出高达60□的泉水，有大、中、小三个露天浴池和一个室内蒸气浴房。

　　每当节假日，匈牙利各地的温泉浴场，本国居民和外国游客总要前往沐浴、休息。

# 千湖之国

　　芬兰面积33.7万平方公里。境内因古代冰川侵蚀而形成的湖泊多达6万余个，内陆水域面积占全国总面积的9%。南部的塞马湖面积达4400平方公里，是芬兰第一大湖，在欧洲居第五位。芬兰的海岸线曲折蜿蜒，长达1100公里，沿海有大小岛屿2.8万个。

　　芬兰拥有极其丰富的森林资源。全国有69%的土地被森林覆盖，居欧洲第一位，世界第二位。在这里，无论是海滨、湖畔，还是丘陵、岛屿，都树茂林密。城镇、农田和牧场都在郁郁葱葱的森林包围之中。人均林地达5公顷。人均森林蓄积量近310立方米。有"绿色金库"美称的芬兰，拥有配套成龙的林业机械，先进的纸浆厂和全自动化大型造纸厂。

　　芬兰有1/4的地区在北极圈内，人们可以在这里领略到奇特的"极夜"和"极昼"的自然风光。在寒冷而漫长的冬季，有四五十天见不到太阳，而到了短暂的夏季，情况又截然相反，太阳通宵达旦照耀长达73天左右，被称为"不落的太阳"。全国500万人口大部分居住在比较温和的南部。拥有50万人口的首都赫尔辛基，位于芬兰南端，三面环海，景色秀丽，每年有5个月银装素裹，仲夏白昼长达19小时。

每年前来观光的游客多达数百万。赫尔辛基不仅是芬兰政治、经济和文化中心，也是世界举行国际性会议的主要场所之一。

# 椰子之国

菲律宾共和国位于亚洲东南部，西濒南海，东临太平洋，由7000多个岛屿组成。总面积29.27万平方千米，人口6000多万，其中主要民族马来族占85%以上，有70多种语言，国语是以他加禄语为基础的菲律宾语，通用英语。居民多数信仰基督教，有一些少数民族信仰伊斯兰教和佛教。

菲律宾历史上曾有许多土著部落和马来族移民建立的割据王国。1321年麦哲伦率领的西班牙远征船队到达该岛。1565年西班牙侵占菲律宾，统治300多年；1898年美西战争后，美国占领了菲律宾；1941年菲律宾被日本侵占；二战结束后，菲律宾又为美军占领；1944年7月4日宣告独立。

菲律宾属热带海洋性气候，高温多雨，椰子生产是一大特色，椰产品出口占世界第一位，因此被称为"椰子之国"。其他农作物有水稻、玉米、甘蔗等。主要矿产有铜、金、银、铁、铬、镍等20余种。森林面积1250万公顷，服务业在国民经济中占有重要的地位。旅游业发达，主要旅游地有百胜滩，蓝色海湾等等。近年来接待游客数量不断增加。

首都马尼拉，位于吕宋岛南部，人口约800万，是全国最大的港口和政治、经济、文化中心。

# 花环之国

在印度半岛西南的印度洋上，有一串串星星点点的小岛，在灿烂的阳光下，这些小岛犹如一串串花环，飘浮在万顷碧波之上，这就是以"花环之国"著称的马尔代夫共和国。

马尔代夫是在南北长800公里、东西宽130公里的洋面上，由1200个珊瑚岛、19组环礁组成的。在面积为298平方公里上生活着21万勤劳的居民，首都马累。首都所在的马累岛，环礁坚如磐石，海滩平坦，细沙似雪，参天的椰树青翠欲滴，鲜艳的热带花卉遍布全岛。马累市清洁宁静，绿树成荫，花香扑鼻。马尔代夫拥有辽阔的海域和丰富的渔业资源，盛产金枪鱼、鲣鱼、马鲛鱼、龙虾等。渔业是马尔代夫国民收入的主要来源，全国有80%的人从事这一行业的生产，渔业是该国的外汇主要来源。马尔代夫环礁互相环抱，形成了不少优良港口，有些海港水深达400米，可停泊巨轮。马尔代夫利用这些天然良港，努力发展海运事业，目前拥有50多艘商船，总吨位达20多万吨，航行在南亚各国之间，是赚取外汇的又一个主要行业。

近年来，马尔代夫政府利用得天独厚的自然环境，加快发展旅游业，吸引大批外国游客来观光休假，增加了可观的外汇收入。

# 国土奇特的国家

没有水的国家——科威特的国土大部分地区是沙漠，没有河流、湖泊。该国严重缺乏食用水。因此，人口约400万的科威特，粮食、蔬菜需靠进口。

没有耕地的国家——摩纳哥是世界上面积最小的国家之一。全国面积总共不到2平方公里，全境均为建筑物和其他日常设施，没有耕地及农业。国家的收入主要靠旅游业，吃的全靠进口。

没有泥土的国家——瑙鲁共和国是由珊瑚礁形成的岛国。岛上的鸟粪经过长期的化学变化，形成一层厚达10米的优质粪肥磷酸盐，但岛上却没有可供农作物生长的土地，因此，该国出口大量的磷酸盐，以进口泥土种植农作物。

# 牛比人多的国家

阿根廷的国土面积是227.6万平方公里，其中的一半约为草原和牧场。再加上阿根廷肉牛的饲养主要是围栏露天放养，生产成本很低，所以全国总共饲养了约1.2亿头牛和羊，其中牛的存栏数更高达6000万头。有趣的是阿根廷全国的人口只不过4000万，因此它是全世界牛比人多的最多的一个国家。

阿根廷的牛肉以肉质细嫩、味美、营养丰富名扬全球，因而其出口量一直全球领先。

# 国花与民族性

世界上很多国家都有自己的国花，在国花的特性中，我们也不难看出各国的民族性。

日本具有象征"武士道"精神的樱花。樱花的品种很多，有红、白两色，每年三四月盛开，但是在短暂的绚烂之后，便随即结束了生命。日本人欣赏樱花这种"壮烈"的精神。

韩国不美也不芬芳的木槿，但是花季却很长，象征韩国人坚强纯朴廉洁的民族性，更表示韩国有无穷的发展和欣欣向荣之意。

英国高贵艳丽的玫瑰。15世纪时，英国发生了一场"玫瑰战争"，这场内战打了30年，使得英国的封建制度完全崩溃，代之而起的君主立宪的都铎王朝的开明作风，给英国带来经济和文化的兴盛。英国人为纪念这段历史，便以玫瑰为国花了。

意大利热情的雏菊。花季很长，不易凋谢，颜色繁多。花开时，一片锦簇，十分热闹。这种花在意大利栽植很多，便以此为国花，也象征意大利人的热情。

德国小而英俊的矢车菊。它是一年生草花，颜色多且小而俊俏。德国人选它为国花，象征德意志人民进取、爱国、乐观、刚毅、俭朴的个性。

荷兰神话般的郁金香。二次大战期间，冬季对荷兰人是漫长而痛苦的，因为当地正闹饥荒，许多人便以郁金香的球根为食，才得以渡过难关。之后，荷兰人将她奉为国花，并大量栽植。

# 一国两三都，哪个是首都

一个主权国家通常只有一个首都，然而一些国家却有两个甚至三个首都。有的法定首都徒有其名；有的首脑机关分驻两地；有的新旧首都并存；有的政治首都和经济首都分立。

## 3个首都的南非共和国

南非共和国是世界上唯一有3个首都的国家。英国1902年确立在南非的殖民统治，1910年将3省1邦合并为南非联邦，各省、邦都力争在本境建都，终于折中在3个省、邦的首府分设行政、立法、司法3个首都。1961年改名南非共和国后依然保留三都构架。

行政首都在德兰士瓦省省会比勒陀利亚，为南非中央政府驻在地。因议会设在2000公里外的开普敦，总统和政府要员终年奔波于两地之间，只好在开普敦设立政府办事处和官邸，形成了一个政府两套班子的局面。

立法首都在开普省省会开普敦，为南非议会驻在地，通称"副都"。近年国人呼吁并都以节省开支，建议国会迁往比勒陀利亚。开普人仗着"开基祖"的地位，坚决不让。

司法首都在奥兰治自治邦首府布隆方丹，为南非最高法院和上诉院驻在地。

### 不见中央政府的荷兰首都

世界地图赫然标明荷兰首都是阿姆斯特丹，可是到了那里，既找不到中央政府机关，也看不到外国使馆，首都的象征仅仅是那幢不住国王的王宫。

阿姆斯特丹是荷兰最大城市，1270年筑堤围海而成。市区在海平面之下，100多条运河纵横交错，1203座桥梁架于河上。打入地下10多米深的巨大木桩支撑着城市建筑，王宫即建在13659根地桩之上。1806年因其经济实力而定为首都，可惜国王仅在国家大典或接待国宾时才从海牙赶来王宫露面，故而始终维持着"经济首都"的地位。

荷兰实际首都海牙，位于阿姆斯特丹西南58公里的海滨。1922年被选为国际法院驻地，成了"国际司法首都"，地位更加显赫。

### 德国首都在哪里

德国法定首都在柏林，临时首都在波恩。

柏林为德国最大城市。1945年法西斯德国投降，德国分裂为两个国家，柏林也分割为东、西两区。东柏林成为德意志民主共和国的首都，西柏林归德意志联邦共和国。联邦德国因不可能在西柏林建都，乃选择莱茵河畔的小城波恩为临时首都。

1990年10月，两德重新统一，宣布柏林为首都，同年推倒柏林墙，柏林城重归统一。迄今7年过去了，所有首脑机关仍在波恩。即使有朝一日实现还都，波恩仍将留驻一些政府机构，继续发挥首都的某些职能。

此外，德国还有一个"金融首都"法兰克福。它是联邦中央银行的所在地，又是全国最大的航空港、国际贸易城和国际博览城。

### 只驻最高法院的玻利维亚首都

玻利维亚的法定首都是苏克雷，中央政府却悄悄搬往在430公里外的拉巴斯。从那以后，唯有最高法院留在苏克雷。

拉巴斯海拔3577米，是全球最高的首都，人口超过100万。

### 沙特阿拉伯的皇家首都和行政首都

沙特阿拉伯1932年建国时以利雅得为都。利雅得深处沙漠内陆，人口不过万余人，国王只好向西海岸的商港吉达派出政府机构，以便对外联络。当时各国使馆设在吉达，沙特阿拉伯也将外交部设于吉达，国王还建了行宫，政府各部分设了办事处。为此，沙特宣布利雅得为皇家首都，吉达为行政首都。

后来，沙特成了石油巨富，利雅得大兴土木，为各国兴建了豪华的使馆区，转眼发展成200多万人的现代化城市，已能承担首都的全部职能。从1985年开始，各国使馆陆续迁入利雅得。吉达则保留着许多中央外事和经济机关，依然发挥着副首都的作用。

### 贝宁首都一虚一实

1960年贝宁独立，定都波多诺伏。鉴于交通不便，总统府和政府机关陆续迁往首都的外港科托努，各国也在科托努建立使馆。到了20世纪80年代，波多诺伏只剩首都的空壳，科托努却成了实际首都。

# 建在木桩上的城市

荷兰是世界著名的围海造田的"低地之国"，境内绝大部分是平原，地势低平，有将近1／4国土都是在海平面以下。

荷兰首都阿姆斯特丹位于荷兰的西部，既是荷兰的首都，也是西欧的重要海港。它是一座排除了海水的"海底城市"，大部分地区低于海平面4米以下，冬季大潮时，海面与城内高地上的二层楼一样高，这里原是芦苇丛生的湖沼，1296年开始围地建城，围一道堤得一块地，经过荷兰人民世世代代的艰苦奋斗，终于将整个湖沼作为城市。

现在，阿姆斯特丹是由100多个小岛、100多条运河、1000多座桥梁组成。城里房屋全部建在木桩上，以防沉陷，每根木桩都涂上沥青，打入地下14米至16米深处，所以人们称阿姆斯特丹是建在木桩上的城市。

# "袖珍国"的填海造地

近年来，城市化使得世界用地面积日益紧张，地价飞涨，迫使人们向海洋进军与海争地。而那些仅有弹丸之地的"袖珍国"，更是移山填海，奋力向海扩张。

马尔代夫，属于珊瑚礁岛国，它得天独厚，领土年年"自然而然"地扩大。不费吹灰之力。马尔代夫的"领土"，是海洋的珊瑚虫为它夺来的。

新加坡于1965年独立时，全国面积仅有572平方公里，1983年，领土就变成617.9平方公里了，这"从无生有"的领土，是从海中冒出来的。这扩大了的45.9平方公里，是新加坡把周围21个小岛联结而成，占全国总面积的8%。

新加坡的现代化樟宜国际机场，面积多达16.6平方公里，其中一半是填海所得。从机场到市区的6车道滨海大道（也称马林百列大街），两旁的高层住宅楼及众多小花园，都是填海所得。80年代末兴建的全国最大的购物商业中心"滨海中心"广场，占地9.2万平方米，也是填海所得。

# 瑞典国土呈三色

当你乘飞机进入瑞典上空，就会清楚看到，瑞典的这片土地被绿、蓝、红三色所覆盖。

绿色是大片森林和草地。在瑞典，森林覆盖面积在50%以上。法律规定，凡砍伐林木的单位或个人必须在种植相同或更多数量的树木并确保其成活后方能砍伐。这样，多年来瑞典的森林工业以及纸张、纸浆等产品在国际上长期享有盛誉；另一方面，森林和草皮几乎覆盖了瑞典的每一寸土地。所以，当你走下飞机的第一印象就是空气特别清新，草木青翠欲滴。

蓝色是海洋和湖泊。瑞典东、南临波罗的海。内陆有大小湖泊92000个。最大的纳维思湖，面积5580平方千米，为欧洲第三大湖，也是著名的旅游胜地。许多湖泊与河流相连，组成了瑞典的水上运输网。瑞典的环境保护被置于同生命保护同等重要的地位。茂密的森林，星罗棋布的湖泊覆盖着广阔的国土，难怪瑞典被称之为世界森林与湖泊之国。

红色的是屋顶。瑞典位于北欧，冬季多雪寒冷。所以人们总是喜欢红色的屋顶，这样有一种温暖的感觉。当你看到万绿丛中斑斑点点的红色，那便是瑞典人建在郊外的别墅。城镇建筑物的屋顶也多半是红色的，同时与大自然相映成趣，另有一番风光。

# 绿化庭院蔚然成风的岛国

如今，澳大利亚已成为绿化庭院蔚然成风的岛国。在澳大利亚政府的倡导下，人们都把庭院精心经营成一个个小花园。

澳大利亚拥有面积768万平方公里，人口仅1800万，地广人稀，每人占有的空间比较广阔，每家房子前后都有宽阔的庭院，总共约有660多平方米到数千甚至上万平方米不等。庭院中除居室、休闲和体育设施外，每家最大的共同点是都有一个花园和一块草皮，路边还有政府种的行道树。多数家庭每周花费在整理花园上的时间达4—10个小时，而且护理花园时全家出动。不少讲究园艺的家庭，按季节轮植各式花草，把草皮维护得像高尔夫球场那样。许多澳大利亚人除了注重美化庭院外，还十分重视绿化居室，使室内外一片绿色。在澳大利亚，绿化已不受时空限制，庭院、公寓、大楼室内，以及阳台、屋顶等，均种花、种草，培育盆景，在用水泥构筑的丛林中也挤进了绿意。

澳大利亚政府从多方面对居民庭院绿化工作进行鼓励和指导。居民每年每户都可以向当地政府申请要两棵免费树苗，种植在自己的庭院内。水费不会使居民因花园灌溉多耗水而不堪重负。澳大利亚政府还利用传媒促进和指导庭院绿化工作。电视台举办了几档很受居民欢迎的园艺节目，传授种花、种草的经验和技术。民间也办了不少园艺杂志。这些杂志经常举办各种竞赛，鼓励人们争当"绿手指"，把庭院绿化得更好。

在澳大利亚，由于家家户户有花园，室内室外一片绿，整个街道、整个社区连成一片，因此，也就进而扩展至整个城市、整个国家。这种全民的绿化运动，便使得整个社会充满绿化环保精神。

# 土耳其不"土"

土耳其跨欧、亚两洲，享有得天独厚的地理位置，古老的历史、富有民族特色的肚皮舞、蒸汽浴，更以独特的魅力吸引着世界各地的游人。20世纪80年代伊始，土耳其实施优惠政策，加速了旅游业发展，曾被世界旅游组织评为"迅速发展旅游业的典范国家"。迅猛发展的旅游业不仅缓解了国内的失业压力，而且为国家赚回了外汇。更重要的是让外国游人目睹土耳其的变化，纠正对土耳其的偏见。

近年来，土耳其人的装束已经大变样，土耳其大力引进现代工艺，服装加工技术不断提高，已跻身于世界十大成衣出口国之列。土耳其青年服装表演队还曾轰动巴黎。

土耳其企业家高瞻远瞩、舍得花重金进行智力投资更值得称道。土耳其的36位企业家曾赞助了在伊斯坦布尔举行的第九届世界生产率大会，今天的投资就是为明天培养跨世纪的合格人才。

这次会议的主题是"21世纪的新思路和新战略：人、技术、生产率"，来自34个国家的600多名代表参加。与会者提出了颇有新意的观点：服务是产品的一个组成部分，不是附属环节，没有相应的服务等于向消费者提供了功能不完整的产品；提出了"顾客价值""顾客价值本位战略"的概念，认为生产率不只是投入与产出的关系，还要加上消费者满意程度的因素。

# 世界四大汽车城

当今世界上有许多城市以生产汽车闻名于世，其中以以下美、日、意、德的4个城市最为著名。

底特律——美国汽车城。美国拥有汽车1.56亿辆，平均1.5人就有1辆汽车。垄断美国汽车工作的通用、福特和克莱斯勒汽车公司的总部设在底特律城，全国1/4的汽车产于这里。全城440万人口有90%的人靠汽车工业为生。

丰田——日本汽车城。丰田市有人口28万，其中丰田汽车公司的人员及家属占60%，加上为这些人员服务的行业，实际上是100%的汽车城。丰田汽车公司有10座汽车厂，有1240家协作厂。全公司每个职工平均年产值为13万美元，居世界之首。

都灵——意大利汽车城。全市有人口120万，其中30多万人从事汽车工业，每年生产汽车占意大利总产量的75%。1899年当菲亚特在都灵创建第一家汽车厂时，仅有40名职工，现在已发展为世界第七、欧洲第二大汽车公司。另外，全国还有200万人直接或间接从事菲亚特汽车的生产、供销和修理业务。

斯图加特——德国汽车城。斯图加特有人口60万，是世界出产第一辆汽车的戴姆勒——奔驰汽车公司的所在地。公司在国内设有1700个维修点，在国外17个国家和地区设有4300个维修点。

# 地铁世界吉尼斯

最早的地铁——伦敦的地下铁道于1863年1月10日通车，是世界上最早修建的地铁，当时全长只有6公里。现在长400多公里，有272个车站，11000多名工作人员。

最长和车站最多的地铁——目前世界上运行线最长的地铁是纽约地铁，建于1904年。它的线路达40条之多，全长416.9公里。全线共有468个车站，是车站最多的地铁。

最短的地铁——土耳其伊斯坦布尔地铁最短，全长只有610米。

最长的车站——美国芝加哥地下铁道的一个车站全长1.1公里，是世界上最长的地铁车站。

最高的地铁——墨西哥城的地下铁道是目前世界上最高的，它的平均高度在海拔2259米以上。这是它地处高原地带的缘故。

最深的地铁——朝鲜平壤的地下铁道是目前世界上最深的。它的车站线路最深处达地下200米。

最浅的地铁——世界上最浅的地铁是中国天津地铁，最浅处仅深入地下2—3米。

层次最多的地铁——法国巴黎的地下铁道是世界上层次最多的地铁，它连地面大厅共有6层，一般地铁只有2—3层。

车速最快的地铁——美国旧金山地铁是当前世界上最新、最现代化的地铁，也是世界上列车运行速度最快的地铁，每小时高达128公里，为世界地铁列车的高速冠军。

发车时间间隔最短的地铁——莫斯科地铁发车间隔时间最短，客运量最大，地铁从早晨六时到午夜一时不断运行，每隔1分20秒发出一列列车，载客总数每年超过20亿人次。

最高的缆索地铁——瑞士的阿尔卑斯山有一条缆索地铁，全长1.5公里，它的大部分出没在隧道之中，列车只需2分钟，就可将200多旅客送上3500米的山区游览胜地。

# 美国城市新概念——公交村落

目前，在许多国家的大城市里，如潮的汽车使道路拥挤不堪。为了让街道畅通无阻，城建部门采用了诸如多修路、拓宽路面和修建立交桥的办法来解决这一难题。但是这种办法收效甚微。各种各样的、大大小小的汽车将道路塞得满满的。

美国的两个城市——弗吉尼亚州的罗斯林市和马里兰州的彼塞斯塔市为解决这一问题，采取了全新的方案：在城市规划方面下功夫，建立公交村落。

所谓公交村落，就是在便利的公共交通设施（如地铁站）周围不远处建立居民楼、办公场所、商业网点、娱乐中心、医院、学校等，使其像一个村落。居住在这里的人们不需去很远的地方上班、上学、购物和娱乐等，即使要去，只需几分钟便可到达地铁站乘车前往。

专家们认为，在即将到来的信息时代，公交村落的积极作用将十分明显。它不仅鼓励人们以步代车，而且还是新型社区的一个组成部分。人们将把大部分时间用在这里：在这里工作，在这里生活，在这里组织社交活动……他们无需把许多宝贵的时间花在上下班的路上，这样不但省时省力省能源，而且解除了朝出暮归的奔波之苦，同时又能缓解城市交通拥挤、堵塞的状况。

罗斯林市距离华盛顿特区不远，当连接该市与特区的地铁站初建时，地铁站的四周也同时建起了6000套住房的居民楼、700万平方英尺的办公场地、1600多套客房的宾馆和数家银行。"村"里既安静又清洁，楼房色彩多样，形状各异，商业网点星罗棋布。距离地铁站步行两分钟就有一家蔬菜食品连锁店，居民们漫步来到这里购物十分方便。街道上的车辆同其他城市相比明显少多了，人们也减少了空气和噪音的污染之苦。

这里的人们普遍感到，建立公交村落，把城市从如潮的汽车中解救出来，是下个世纪城市格局的一种发展趋势。一些城建和规划专家还提出，要建立公交村落，减轻人们对汽车特别是私人汽车的依赖，就必须增加公交站密度，使公交系统多样化，从而减少汽车在市内运行的数量。如果做不到这一点，只是一味地将人们迁往郊区，使他们远离工作和购物的地方，再加上不便利的交通，势必会让那些不得不挤公共汽车的人们千方百计地攒钱买车，造成新的恶性循环，结果将不堪设想。

# 未来的城市

人类未来的生活城市应该是什么样的呢？有关未来学家们经过苦心冥想之后，是这样预告的：

一、群体城市：有部分城市因地理环境和生产的需要，人口的增加成为不能抑制的状态，以致各种城市连接，形成一个大的城市群、城市带，被称为"群体城市"。

二、山地城市：为了充分利用土地，傍山的城市只有向山上发展。山上山下相连，依靠巨型的电梯为交通工具。

三、摩天城市：土地利用率将越来越高，摩天大楼群起。

四、地下城市：随着地铁的发展，有的城市的地下已日聚百万之众，将成为理想的生活区域。

五、海上城市：从巨型航空母舰的问世，以及海上大型作业平台的出现，给人们到海上居住提供了模式。

六、海底城市：现在科学家们正在研制有效的人工肺作为海底建筑物的门窗。由于海底资源丰富，海底城市必将大量出现。

七、沙漠城市：在辽阔的沙漠底层常常埋藏着丰富的石油资源。随着能源开发及绿化工作的提高，沙漠上将出现一座座标新立异的大都市。

八、分散城市：人们愈来愈感到农村山区环境好，加上交通工具和通信器材的发达，人们都愿意居住在农村山区。工作区和分散居住区相连的城市即被称为"分散城市"。

九、外星城市，向外星移居人口的计划最终将付诸实施。

# 联合国第二城——日内瓦

日内瓦作为联合国欧洲办事处所在地，有200多个国际组织和非政府组织，每年有近万次国际会议和许多重大庆祝活动在此举行，其中半数以上用同声传译，大型会议有英、法、中、西、俄和阿拉伯等6种联合国工作语言同传，会议之多没有任何地方可比，可谓名副其实的国际会议城，其"决策力"和影响力与纽约的总部相差无几。

日内瓦的国际组织分为四类：第一类属于联合国系统的机构，如世界卫生组织、国际电信联盟，世界气象组织、国际劳工组织、世界知识产权组织等。它们是根据各国政府间协定而设立，并同联合国发生关系的专门性国际组织，负责处理某一具体领域的问题，专业性和独立性较强。在众多的机构中还有一些联合国直属机构，像贸发会议、难民署、欧洲经济委员会、开发署等。第二类是不属于联合国，但又同联大或联合国某一委员会发生工作关系的机构。世贸组织和日内瓦裁军谈判委员会就属于这一类。这两个组织与世界经济和国际和平与安全密切相关，是国际社会和各国新闻媒体关注的焦点。第三类是欧洲核子中心、欧洲自由贸易协会、国际教育局、欧洲移民国际委员会等政府间组织。最后一类是200多个非政府组织，其中重要的有各国议会联盟、保卫儿童联合会、世界工会联合会、世界宗教理事会、文学与艺术国际协会等。这里几乎每天都有各种类型的会议，讨论国际和地区间各种问题。日内瓦重要的国际性会议有每年举行两次的人权会、裁军谈判会、世界卫生大会、联合国贸发大会、世界气象大会、联合国教育大会、国际劳工大会等，所以，日内瓦又有"国际会议城"之称。

# 三江平原发现二千年前繁华古城

近年来地处"北大荒"深处，三江平原腹地的友谊农场陆续在境内近两千平方公里的范围内，发现中原汉魏时期满族祖先把娄勿吉人曾经生存居住过的古城址62处，古居住址92处。这些发现，彻底否定了"北大荒"是千古处女地的说法。

这些古城遗址中最具有特色、最有代表性、规模最宏大、保存最完好的当属在友谊农场六分场四队附近发现的距今2000年左右的凤林古城。它全周长6300米，总面积100多万平方米。古城共分内外9座城，城城有护城墙，护城河。

据城中发现的1万多古居住址推算，当时这里人口已达数万之多，并结束游牧，走向定居生活，初步呈现出国家的雏形。从城中挖出的500多件陶器、玉器、石器、青铜器以及玛瑙等文物可以看出，当时这里的农业生产、制陶业已发展到一定水平。

# 风格各异的城市广场

下沉式广场——加拿大温哥华市的罗勃逊下沉式广场，地坪比马路降低约4米，排除了车辆干扰以求得"闹中取静"。这个广场还有宽阔的带有"之"字形坡道的台阶，与旁侧的省联邦政府办公大楼的天台花园相连接。下沉的地坪，平时是露天餐厅，冬季当溜冰场，夏夜用于文艺演出，南北台阶便成了天然看台。

上升式广场——美国世界贸易中心广场，采用"上升式"造型。它坐落于纽约曼哈顿岛，面积达2万平方米，广场地坪比街道高出一层楼，远望如同一个巨型的空中平台。地坪全部以花岗石饰面，整洁雅观，并配以精致的石雕、灯桩和石凳。白石花基上栽满了红杜鹃，和谐地将摩天大楼与庭院景色融为一体。

　　喷泉广场——美国新奥尔良市的喷泉广场颇为有趣。它是居住在那里的意大利居民为了怀念祖国而建造的。在圆形广场的一角，以若干层台阶组成了一个意大利半岛的形状，半岛的最高层流出的瀑布，象征着意大利的三大河流。广场中央则"浮动着"西西里岛，每当新奥尔良市的居民在这里集会庆典时，脚踏着祖国山河的"缩影"，顿生思乡怀国之情。

# 俄罗斯彼得堡地区的古城堡

　　拉多加城堡建于1114年，当时的地方行政长官保罗曾为该城堡奠基。这个城堡为五角形，相应的岬形部分形成了拉多加和沃尔霍夫溪流。在古城堡的围墙内有三个圆形和一个正方形炮楼，所有炮楼都分四层，内部装有楼梯，墙壁的厚度从下向上逐渐减少，炮门朝内。在炮楼的最上层配备有强大的火力，从城外方向保炉着城堡。现在，已经恢复了城堡的围墙，在炮楼内展出了自然保护区博物馆的陈列品。

　　维堡城堡位于维堡湾岛的中心，建于1642年。它的围墙包围着这个岛，炮楼高度达75米，是16世纪当地最强大的城堡，拥有141门炮。8门臼炮、2门曲射炮和一座综合防卫体系，具有强大的防卫力量。城堡所处的有利地形和它的防卫工事，形成了最有效的火力配置系统。在该城堡中建有一座历史博物馆，但该博物馆仅仅在70

年代开放过，以后这个城堡就只有在研究建筑艺术时才使用。

雅姆城堡位于宽阔的卢加河岸上（现今的金吉谢普市），建于1384年。这个城堡用武装的船舶挡住了侵略者通向海湾的道路。15世纪末至16世纪初，雅姆城堡的防卫力量得到了进一步加强，在围墙的东、西、北三面增添了炮楼。城堡的围墙厚度达到4.5米，它是用石灰石建造的，外墙和内墙上部相当平整，墙内的填充料是粗糙而不断裂的石头。在围墙后修建了守备军的住屋、营房、军火库和粮库。此外，这里还保留着一个用石头建筑的教堂，它是典型的四柱体建筑物。当今，这座古城堡成为边区的行政中心。

# 世界上人口最少的城市

意大利最近一次人口普查的结果表明：他们国家的蒙塞尼西奥，是世界上最小的城市。市政府人口登记册上的名单是32人，但实际居住在该城的居民只有10人，4男6女，分为4户人家，其余22人一到冬天便离开这里到别处居住。蒙塞尼西奥城坐落在海拔1461米的阿尔卑斯山的一个山坡上。有趣的是，32个居民中要选出15个人组成市政府领导机构，这样，城里的15名男性全部成了市政府的官员。

# 地球最北的城市

地球最北端的城市叫朗伊尔，地处北极圈内北纬78°14′，东经15°左右，距北极点1300公里，比西伯利亚更靠近北极。

在朗伊尔以北，除了若干冰天雪地的荒凉岛屿和浮冰茫茫的北冰洋以外，再也看不到任何居民点，有的只是个别向北极前进的探险家。

朗伊尔是挪威领土斯匹次卑尔根群岛的首府。这里每年有116天的漫漫长夜，一望无际的皑皑白雪，入地300米厚的冻土层，零下40℃至50℃足以冻掉耳朵的低温。

1607年，英国探险家哈德逊发现了斯匹次卑尔根群岛，他见附近海兽无比丰富，回国后大肆宣传，终于使英国国王动心。但考虑到气候条件恶劣，国王想出了一个"两全其美"的主意，决定将判处死刑的囚犯流放到这个群岛，并许诺，如因犯挨过一冬即予赦免。这样既解决了开发"新领土"的劳动力，又能捞到十分稀有的皮裘。